FSC
www.fsc.org
MIX
Papier aus ver-
antwortungsvollen
Quellen
Paper from
responsible sources
FSC® C105338

AF292190

Unendliche Seelen-Reise

von

Jürgen Trott-Tschepe

© 2024 Jürgen Trott-Tschepe
Herstellung und Verlag: BoD – Books on Demand, Norderstedt
ISBN: 9783759761552

Einladung zu einer **Seelen-Reise**

Begleite mich auf eine geistige Reise mit meiner Seele durch mein Leben.
Es ist die Reise eines Hirten ohne Raum und Zeit. Sie ist überall und in allen Zeiten und doch nirgends und unendlich.
Eben so kann sie auch dir ein Segen sein.

Prolog

Meine Seele, meine Seelenfamilie, was wünschest du von mir?

* Dein reines Sein. Reines Sein ist ohne Erwartungen, ohne Absichten, ohne neue Verflechtung. Sei frei in allen Dimensionen.

In allen Dimensionen...in allen Dimensionen meiner Daseins-Geschichte, in allen Schichten von Prägung, jenseits aller Zeiten?

* Ja. Jedes Geschehen in Zeit und Raum ist immer Abbild, ist Gleichnis, ist Zeichen für das Ringen um reines Dasein. Wir lieben dich so wie du bist.

Das ist ein Großes und eine Prüfung, ob ich das annehmen kann...

* Du wirst es annehmen müssen. Du wirst aufrichtig
sein oder dich nicht mehr aufrichten können…

Es bietet sich immer mehr an, das Einzige, was
noch in meiner Macht steht, zu tun: all dies
aufzuschreiben, für wen auch immer...

* Du kannst zu einem Geschichtenschreiber werden
als Zeuge und Künder. Als ein Zeugnis reinen Seins
darf es werden.

Doch stehe ich zwischen meinen diversen
Welten - wie lässt sich das balancieren?

* Alles ist Gleichnis und gleichzeitig - Leere und Fülle.
Lebe in diesem Geheimnis, indem du es annimmst,
wie es ist.

∞

Ich reise in einem fremden südlichen Land, komme in eine große bergige Stadt und nehme dort eine Bergbahn, die extrem steil und lang nach oben fährt. Darin sind viele Einheimische und Gäste, die während der Fahrt hoch hinauf zu rufen und zu stöhnen beginnen, ist für manche die Auffahrt doch etwas erschreckend. Oben angekommen gelange ich in eine Art Laden oder Heilraum, der zunächst erscheint wie ein Gemischtwarenladen mit unübersichtlichem Durcheinander. An einem Tisch sitzt ein alter Mann, der Leute bedient und berät. Er holt aus alten Pappschachteln kleine Geräte, die jemandem nützlich sein können, hat weiße Papiere vor sich liegen, auf die er vielleicht Notizen machen will, schneidet rasch und schmerzarm einem Mann eine Eiterbeule aus dem

Bein, verteilt kleine Heilmittel. Er ist dabei fast still, in
sich gekehrt. Als er etwas sucht, helfe ich ihm dabei.
Ich könnte sein Assistent werden...
- Kann ich von dir, Maestro, lernen?
- Bleibe und schreibe auf.
- Ja, gerne. Ich schreibe.
Bin alle zugleich:
Meister, Schüler, Assistent und vor allem Schriftführer.

∞

In einer großen Firma sitzt ein Team in der Runde, um
sich und die neuen Aufgaben kennenzulernen. Es
sind etwa 10 Menschen mit ganz unterschiedlichen
Kompetenzen, sie wurden soeben ausgewählt. Ich bin
einer davon, sitze dort und beobachte zugleich alle
aus einer höheren Warte. Mancher fragt sich, weshalb
er hier sitzt, ich weiß, dass mein Kriterium meine hohe

Gabe war, mit Sprache umzugehen. Ich sage, dass hier gewiss keiner ist, der nicht irgendeine besondere Fähigkeit besitzt. Darin sind sich alle einig, und man wird aufgefordert, sich einen Arbeitsplatz in dem modernen Großraum zu suchen. Manche, wie ich, ziehen sich an einen ruhigen Platz zurück, ein oder zwei Männer, die eine orientalische Herkunft haben, setzen sich an einen Ort, an dem Viele vorbeikommen. Dann beginnt die Arbeit... –

Welche denn, liebe Seele?

* Dasein in und für die Welt.

Doch wie?

* Du nutzt deine Gabe: du sprichst Wahres aus, z.B., dass Alle wegenihrer Gaben auserwählt wurden.

Deine Worte erinnern an ein Urgeschehen in dieser und in anderen Welten: Jeder hat seine wesentlichen Gaben, die offenbar werden möchten. Am Anfang ist das Wort...Es verbindet und macht verbindlich.

* Vielleicht...Es ist gewiss ein Zeichen, das verbinden kann. Achte auf deine Zeichen, die du von deinem Ruheplatz aus gibst. Begreife die Zeichensprache deines Lebens, die wir dir mitgegeben haben.

∞

In Südfrankreich wird mir klar: hier hatte ich gewirkt, doch auch in vorigen Zeiten inoffiziell und mit Widerstand der offiziellen Meinung. Was hatte ich getan? Ich habe die Menschen, die zu mir kamen,

gesegnet. Mit den Worten: Ich segne dich im Namen
der Schöpfung.
Damals hatte ich den Auftrag samt Segen dazu, habe
ich ihn auch heute?

Reise(n) meiner Hirten-Seele

Und er sah sie, immer wieder und überall auf der Erdenwelt - die hohen Wesenheiten. Im Gebirge, von den ewigen Elementen ins Gestein geschrieben, in Form geschliffen, auf den Gewässern in ewiger Bewegung, in den Wäldern aus dem Holze, den Moosen, den Tierantlitzen hervorschauend, auf den Feldern wogender Ähren und blühender Stauden, in den Regungen der Lüfte, ihren Wolkenwallungen und Wetterwendungen, in den Sonnen und Sternen und ihren zeitlosen Mächten, die die Erde umgaben und strahlenvoll umsorgten.
Segen war und ist und bleibt über und in alledem. Und ihm, als einem Teil einer sehr hohen, sehr alten und großen Seelenfamilie, ward zuteil, diesen Segen den Lebewesen bewusst oder unbewusst zu vermitteln. Spürbar, sichtbar oder unsichtbar wirken zu lassen.

Segnend zu führen, im Voraus wissend, auf Unwissenheit, auf Ängste vielerlei Art und Abwehr zu stoßen. Viel Geduld zu lernen und zu bewahren. Über viele Gezeiten durfte er sich ausbilden lassen für diese Aufgabe. Vielen Hindernissen ist er begegnet, viele Gaben galt es zu erwerben. Er wickelte sie nach und nach hervor und wurde allmählich zum stillen Seelen-Hüter in hohem Segen. Die schwierigste Aufgabe ward, selbst geduldig zu sein, sich anzupassen an die Umstände und ohne Furcht um sich selbst ganz und gar zum schützenden weisen Hirten zu werden. Die ihn immer umgebenden, ihn segnenden Seelen lenkten seine Schritte und Handlungen, bis er es begriffen hatte:
Segnend ein Hirte zu sein, und nur dieses - segnend zu sein.

∞

Ich bin in einer Gruppe von diversen Menschen, die ein Spiel miteinander beginnen: sich für eine kurze Zeit lang so in den Anderen hinein zu versetzen, als wäre man er. Ein Mann meint hinterher, das sei mal ein netter Spaß, man würde auf die Weise etwas von den Anderen verstehen können. Ich denke mir meinen Teil: es geht um etwas ganz Anderes - Ich bin Du und Du bist Ich. Wir sind die zahllosen Ausprägungen des einen Wesens 'Mensch'. Auch wenn wir sie gerade nicht verstehen können, sind wir in einem gleich: dem unendlichen Sehnen nach Segnung. Ich lasse dich nicht, du segnest mich denn! -

∞

Mein Zell-reicher Leib schmerzt an diversen Stellen immer wieder. Seele, was geschieht da?

* Mit deinem Leib, seinen Zellen und Organen ist deine ganze Seelenfamilie beschäftigt. Sie stellt dir Licht zur Verfügung, damit dein Leib für neue Aufgaben und Wege geeignet wird. Das Schmerzen dabei kommt durch deinen Widerstand, eben deine überkommene Haltung, du müsstest das Leid vieler Anderer tragen. Das ist jedoch vorbei. Du musst gar niemandes Leid tragen.

Bin ich nicht mehr der Vorangehende, der die Hauptverantwortung hat?

* Nein. Du führst den Auftrag aus, Botschafter des Lichts zu sein. Du überbringst die Botschaft, die die Anderen aufnehmen oder nicht, das ist ihre Entscheidung und Eigenverantwortung. Der Bote geht weiter, selbst wenn es nach hartem Abschied aussieht.

* Sorge dich nicht. Bleib bewusst bei deiner Lichtwandlung in dem Sein, in das du immer wieder beleibt wirst. Du kannst das, das ist deine Macht, darin besteht deine Führung.

∞

Eine Gottheit ist dabei, mich wieder zu inkarnieren. Dafür nimmt sie eine durchsichtige Schleimmasse und fügt immer mehr Schleim hinzu. Sie formt den Schleimklumpen, bis allmählich eine Gestalt daraus wird. Das braucht viel Zeit. Ich beobachte das und bin es zugleich selbst. Je geformter der Schleim wird, umso mehr begibt sich die Gottheit darin selbst hinein. Die Gottheit formt mich aus der gallertartigen Hülle, in der ich schon lange verweile, hervor, bis ich komplett entstanden bin und wir Eins werden. Nun bin ich neu geboren.

Darauf habe ich über viele Zeiten hin gewartet. Was war der schöpferische Anlass?

* Du hast das Leben auf dieser Erde nun ganz und gar bejaht. Dafür dankt sie dir und ruft dich herbei zu ihrer weiteren Entwicklung in ihrer Schönheit.

∞

Und es erging ein Ruf an den Pharao, er möge aus dem äonenalten Pyramiden-Schlaf auferstehen und seine uralte Kraft ans Licht bringen.

∞

Da im allerkleinsten Samenkorn schon ein großer
Baum angelegt ist in jener Art, woraus es fruchtete,
muss in der Erde das Geheimnis des gesamten
Universums enthalten sein, aus dem sie wie eine
Frucht entstanden war. Alles ist hier zu entdecken in
ihrer eigenen Vielfalt. Also auch in mir als eines ihrer
Lebewesen...
Jede meiner Regungen sind also Abbild universaler
Bewegungen. Alles gilt. Alles zeigt sich, ent-wickelt
sich, und dies als ein Sich-Offenbaren. Alles ist schon
immer. Ich bin schon immer. Und immer wieder erneut
kann ich mich in meinem Ur-Sein erfahren. Mein Sein
ist schon immer durchstrahlt von allen Sonnen. Sie
gehen durch mich hindurch wie durch ein Prisma und
ihre Strahlen werden so und dorthin gelangen, wo ihr
Licht gebraucht wird.

∞

Beim klaren Anblick des Sternenuniversums über dem peruanischen Colqa Canyon erkenne ich die unmittelbare Verbundenheit einer Sternensonne mit jeweils einer meiner Leibeszellen. Deren Licht durchströmt sie, und je klarer mein Bewusstsein, umso durchlichteter strahlt mein ganzer Leib in jede Erdenzelle weiter. Die Sternenkraft vereint und bündelt sich, sogar und gerade auf diesem Staubkorn Erde. Welch wundersames Geheimnis!

∞

Ich liege tief in der Nacht wach, lausche schöner Musik und schaue in den klaren Sternenhimmel. Vor mir stehen senkrecht übereinander ein sehr großer

und ein etwas kleinerer Stern. Sie stehen da und
schauen mich an, bis ich endlich verstehe:
Du liebst uns, du siehst unsere Sonnen als
Geschwister deiner Sonne. Wir nennen dich
'Sternenauge', denn du findest den Weg mit unseren
Kräften.
Danke! Welche Ehre!

∞

In mir erscheint eine zunächst weißgelbe Sonne, die
immer mehr orangerot wird, dann zu rot übergeht, von
einer violetten Sonne hinter ihr überdeckt wird. Dann
ist sie nur noch violett, dunkelviolett, alles erstrahlt
nun um sie in diesem Farblicht. Die innere Sonne, die
mich nie verlassen wird.

∞

Die Leere und das Licht

Ein gleißend heller Licht-Kranz um eine schwarze Leere, wie ein Tunneldurchgang. Da erscheint in der Mitte ein weißes Dreieck/ Pyramide, die sich allmählich um sich dreht.

Der Lichtring weitet sich zur Mitte aus und bildet einen lichtstarken Sonnenstern, der meine Heimat ist. Es ist ein Wiedersehen in innigster Verbundenheit. Um ihn herum zunächst ein türkiser, dann schwarzer leerer Kreis-Ring. Ich bin wieder einmal durch die Wandlung gegangen.

∞

Hymne für Mutter und Vater Erde – Traum-Geschichte über einen Waisenjungen

Er erwachte früher als gewöhnlich. Da war alles anders als sonst. Nicht seine Mutter hatte ihn geweckt, sondern ihre Ziege stupste sachte an sein Gesicht. Auch der Vater war nirgends zu sehen. Er erhob sich und begann sie zu suchen. Rund um ihre Berghütte war ein großes Durcheinander, es erschien so, als ob ein Sturm alles verworfen hätte. Auch das Feld am steilen Hang war nicht wiederzuerkennen. Es war hinabgerutscht, mitsamt von Steinen und Felsen und Büschen war es in die Tiefe gestürzt. Das war unheimlich und erschreckend.

So wartete er, der kleine Kerl mit seinen sieben Jahren, den ganzen Tag und die Nacht und noch einen Tag. Tränen des Verlassenseins rollten über seine kleinen Backen. Er hatte nur die Ziege, die in

seiner Nähe blieb. Er wusste schon, wie er ihr ein
paar Tropfen Milch abgewinnen konnte, trank sie -
und wartete.

Da -

das Tier, es wird unruhig, sucht seine Nähe, beginnt
zu zittern. Beide drängen sich aneinander.
Irgendetwas scheint sich zu bewegen. Dort, hinter
einem halb zusammengefallenen Holzstapel erblickt
er sie: zwei tiefdunkle Augen. Ruhig scheinen sie ihn
zu betrachten, zugleich scharf und wohlwollend. Tief
dringt ihr Schauen in ihn ein, es ist, als ob diese
Augen bis in sein kleines Herz zu blicken versuchen.
Er fühlt dabei keine Angst, eher so etwas wie ein
Aufgehobenwerden in diesem Schauen. Etwas in
seinem Herzen beginnt sich an die Worte seiner
Mutter zu erinnern, dass es Blicke gibt, die umarmen.
Die Ziege wäre üblicherweise längst auf und davon,
doch in diesem Augenblick weiß sie schon mehr als

das Kind. Hier kommt keine Gefahr. Hier kommt eine neue Möglichkeit. Hier kommt Hilfe, in Sicherheit zu sein. Sie erkennt die Augen des uralten heiligen Wesens, das sie Beide führen wird. Die Augen einer großen weisen Katze, eines Puma.
Sie nähert sich nun langsam. Ein prachtvolles Tier, elegant und majestätisch, grazilen Ganges und voller Schönheit. Ihre Augen sprechen mit dem Jungen. Und er spürt: eine andere, neue Mutter nimmt ihn auf. Sie kommt ihm ganz nah, umkreist ihn, setzt sich, schaut. Er wagt, seine Hand auszustrecken in Richtung ihres Hauptes, legt sie an dessen Seite und beginnt sie zu kraulen. In ihrem Schnurren weiß er nun in seinem Innern, dass er ihr folgen will.
Sie erhebt sich, macht kehrt, geht ein paar Schritte, schaut sich auffordernd um. Kind und Ziege zögern nicht, ihr nachzukommen. Doch nach kurzer Zeit merkt der Junge, dass es wohl ein weiter Weg werden

wird. Die Tiere mit ihren vier Beinen springen locker voran, er hat Mühe, über manch höheren Fels zu gelangen. Sie haben Geduld mit dem Menschenkind, warten auf ihn. Die Ziege überlässt ihm bisweilen ihre Zitzen, auf dass er sich stärke.

Es geht bergauf. Die Katze weiß um ihr Ziel. So viele Steine, so viele Felsen, so viele Hindernisse. Das Kind muss immer wieder innehalten, ringt um Luft. Und ja , es ist da auch eine Freude am Neuen, am Abenteuer. So weit ist es noch nie von Zuhause entfernt gewesen. Es weiß bisher nichts von solchen Höhen und Tiefen und Weiten. Doch sehnt das Kind sich allmählich auch nach dem Gewohnten zurück, vermisst den Alltag mit den Eltern.

Die beiden Tiere scheinen ihm etwas sagen zu wollen. Komm voran, es gibt kein Zurück. Du bist in meinem Schutz, sagt die Puma-Katze. Und das ist jetzt sehr wichtig: folge rasch! Da hört er nicht nur dies, sondern auch ein tiefes Grollen in der Ferne. Er schaut sich um und erkennt eine schwarze Wolkenwand, die blitzdurchzuckt heranwogt. Es ist nicht mehr weit, komm, hört er. Plötzlich sind beide Tiere verschwunden. Er hastet weiter, fürchtet, auch sie noch zu verlieren.

Vor ihm tut sich im Felshang eine Weite auf. Er hört die Tiere im Höhleninneren ihn herbeilocken. Dort folgt er hinein, bis er ihnen ganz nahe ist. Draußen krachen die Donnerschläge, und Blitze erhellen für Momente die Felsöffnung.

Er ist müde, so müde. Die Tiere liegen einige Schritte weiter, er setzt sich zu ihnen. Er lehnt sich an die Katze, die ihn wie ein Nest bergend umrollt. Und in der Wärme ihres Felles schläft er sogleich ein.

Ihm träumt, er werde von sehr großen Armen gehalten, viel größeren als die seiner Eltern. Sie allerdings werden genauso umarmt. Die Arme legen sich auch um die Tiere und die Bäume und kommen aus der Erde. Und die Erde ist so groß und schön und wurzelig und liebevoll. Und sie selbst wird auch gehalten von noch weiteren Händen und Armen, die aus unendlichen Fernen herrühren. Daran ändert nichts, auch kein Blitzen und Donnern.

Er wacht auf durch die Laute der Katze. Sie macht ihm deutlich, dass es noch weiter ins Höhleninnere gehen soll. Nach einigen Schlucken Ziegenmilch stolpert er mühsam durch das Dunkel, sich an das Pumafell klammernd. Tiefer gehen sie und tiefer. Bis ihm die Katze andeutet, die nächsten Schritte müsse er nun alleine gehen. Nein, das kann nicht sein, er sieht hier doch nichts und weiß nicht, wohin. Aber das Tier ist schon verschwunden. An den Felswänden sich entlang hangelnd wagt er also weitere kleine Schritte. Dabei gewöhnt er sich zum Erstaunen an das Dunkel. Oder kommt es ihm nur so vor: es ist gar nicht mehr so finster, im Gegenteil, es scheint sachte lichter zu werden. Im Schimmer dieses Lichtes erkennt er den Boden besser, er findet seinen Weg leichter. Bis er vor Schreck erstarrt: auf einem Felsvorsprung liegt zusammengerollt, deutlich im Dämmerlicht zu unterscheiden, eine Schlange. Sie scheint wie aus sich selbst zu leuchten, und so sieht er auch in der Spirale ihres Leibes ihre enorme Größe. Da erhebt sie ihren Kopf und schaut, schaut ihn an und spricht mit ihren Augen. Hier bist du ja endlich, ich habe auf dich gewartet, mein Kind.

Das ist doch nicht möglich, will er antworten. Ihr Blick gebietet ihm zu schweigen. Hier ist nur Stille und Schweigen. Folge nun mir, ich werde dich reinigen. Und wie in einen Bann gezogen bewirkt sie, er weiß nicht und nichts, dass er dem schimmernden Schlangenwesen dichtauf hernachkommt.

Vor ihnen tut sich ein sehr hoher Saal auf, in dessen
Mitte es wässrig plätschert. Eine Bergquelle hat einen
kleinen See gebildet. Hier steige nun hinein. Fürchte
dich nicht, es wird zu deinem Wohle sein. Verblüffend
warm ist das Wasser und auch ganz weich, so zart,
dass es sogar eine Freude ist, unterzutauchen. Da
sieht er unter der Oberfläche, dass Alles so sein
muss, dass seine Eltern in Frieden sind, dass alle
Schatten, die ihn ängstigen, nichts bedeuten. Und er
erkennt, dass innerhalb seiner Kinderschale ein
großer weiser alter Hirte schlummert, der geweckt
werden will. Das erstaunt und erfreut ihn derart, dass
er mit heftigem Schwunge aus dem Wasser springt.
Vor ihm die schöne Schlange, die zu ihm spricht:
Folge mir nun zu deiner Bestimmung. Lege dich mit
mir in den silbernen Fluss, der hier hinausströmt. Das
klingt wiederum gar nicht Vertrauen erweckend, doch
er nimmt auch diese Herausforderung als Prüfung an.

Wild wirbelnd wird er durch das Erdinnere geschickt. Eng wird es, doch unverletzt landet er im goldenen Licht eines neuen Tages. Und am Rande eines kleinen türkisfarbenen Bergsees, der, umgeben von herrlich grünen Weiden, ihn an einem neuen Lebensort empfängt. Hier warten auch der Puma und die Ziege auf ihn, die allerdings viel interessierter an den anderen Ziegen hier zu sein scheint denn an ihm. Er wird nun für sie da sein. Ob es hier auch andere Menschen gibt?
Und weit über ihnen kreisen sehr große Vögel. Er erkennt Adler und Condor, die sich im sonnendurchfluteten warmen Aufwind hinauftragen lassen. Und da ist dem Erwachten gewiss, dass sie in Verbundenheit mit ihm sind, nehmen ihre feuerscharfen Augen jede seiner Bewegungen wahr. Sie wollen ihm sagen, dass auch ihre Schwingen ihn umarmen, in lichten und in dunkleren Zeiten.

Er verbeugt sich in Demut und tiefer Ehrerbietung. Ich bin so dankbar und möchte nun durch mein Leben euch und diese große Erdengemeinschaft würdigen. Und er beugt sich zum Boden, ergreift eines der festen dicken Gräser, das leicht auszuhöhlen ist, wie er es von seinem Vater gelernt hatte, und beginnt, darauf Töne zu erzeugen. Das gelingt ganz leicht. So kommen ihm Tonfolgen, die zur Melodie werden. Er spielt eine Melodie zur Ehre von Mutter und Vater Erde, eine Hymne ihnen zur Preisung. Die Tiere lauschen und erkennen. ------

∞

Ich hörte eine Hirtengeschichte in Peru von einem einheimischen Handwerker, dem als Jungen beim Schafehüten in den Bergen ein verlorenes Fuchsjunges auffiel. Er schützt es, zieht es auf, sie werden Freunde. Da taucht dessen Fuchsmutter auf und reißt ein Lamm. Der Junge bekommt Zuhause Schelte. Doch einige Zeit später taucht die Füchsin wieder auf, im Schlepptau 10 Schafe. Mit ihnen zieht der Junge wieder nach Hause und bekommt abermals Schelte, wo er diese Schafe gestohlen habe? Allein sein Großvater glaubt ihm, er verkauft die Schafe und sie haben viel Geld zum Ernähren der Familie.

Eine alte

Indianer Legende besagt,
wenn du stirbst begegnest du auf
der Brücke, die zum Himmel führt,
allen Tieren, die deinen Weg zu
Lebzeiten gekreuzt haben. Und
diese Tiere entscheiden, ob Du
weiter gehen darfst oder nicht.

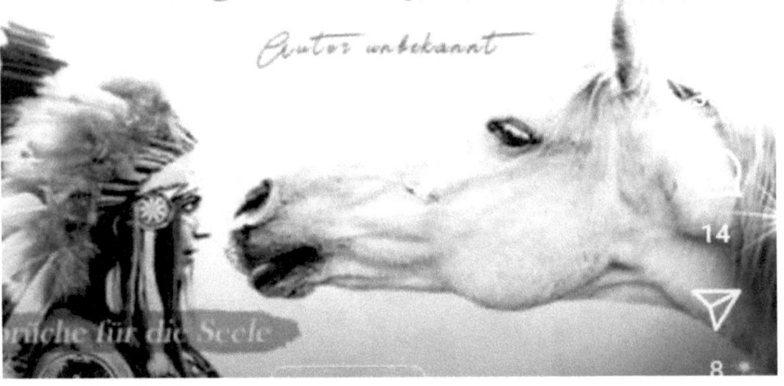

Während einer frühen Morgenradfahrt durch
wunderbare wilde Landschaft höre ich, wie die Tiere
und die einen grünen Tunnel bildenden Bäume zu mir
sprechen:
Wir begleiten dich seit alters her, seit uralten Zeiten
sind wir verbunden. Wir lieben dich, da du uns schon
immer schätzt.
Was haben wir auf Erden zu tun?
Wir haben uns Ehre und Würde zu erweisen. Du
sorgst dafür.
Das rührt mich zu Tränen, die aus tiefstem Herzen
aufsteigen.

∞

Ich bin auf einer in allen Richtungen unendlichen
Scheibe namens 'die Zeit '. Jede der Richtungen ist

zugleich, und deshalb heißt die Mitte, auf der ich stehe: 'Jetzt'. Es gibt weder ein Vorher noch ein Voran, und da alles gleichzeitig und gleichwertig ist, bin ich jeden Moment in der Mitte. Das ist unendlich beruhigend.

∞

Man kann sich aufs Universum verlassen, es bringt immer das, was zur Weiterentwicklung notwendig ist. Und hier auf der Erde braucht es ein wachsendes Netz von Bewusstsein der Lichtarbeiter. Und du bist ein solcher. Das hast du in der Zeit unseres Kennenlernens weder gewusst noch konntest du damit etwas anfangen. Ich aber habe das alsbald in deinen Träumen und ihrer tieferen Schichten erkennen dürfen. Ja, es ist ein gegenseitiges Geschenk, dass wir uns begegnet sind und über ein

Dutzend Jahre intensiv an deinen Erwachens-Prozessen gearbeitet haben. Dein Ego war anfangs noch ganz schön groß und im Weg, das war manchmal schwer auszuhalten. So wagte ich, dir gelegentlich etwas strenger zu kommen, da kam meine Vergangenheit als Lehrerin mir zugute, und du nahmst meine Mahnungen ernst und bist nicht ausgestiegen. Ich weiß, dass wir beide sehr alte Seelen sind und uns womöglich schon lange 'kennen'. Das hat es mir sicher erleichtert, dich so intensiv zu begleiten, und deine Seele war sich deiner Ausdauer gewiss. Du kannst tatsächlich nicht anders als ihr treu zu bleiben, koste es was es wolle. Du hattest mal einen Traum von einer Rosenfrau, deiner Seele - ihr seid nun bewusst in tiefer Verbundenheit.

Du bist öfters zu mir in die Schweiz gekommen und ich bewirtete dich gerne, hatte fast schon mütterliche Verantwortungsgefühle, als du bei uns im Engadiner

Retreat warst. Das Mal, als ich Gast in eurem Haus war, zeigte mir, wie gut deine Frau und du miteinander in freudvoller Atmosphäre lebt. Sie geht mit den geistigen Dingen auf ihre Weise um und somit ihren Weg, doch ihr respektiert euch darin. Das geschieht im Paarleben noch recht selten, da könnt ihr sehr froh sein. Du schlägst nun neue Saiten an mit deinen schönen Videos und Büchern, was sicher eine gute Wirkung in der geistigen Welt zeigt. Du beweist Mut, und gewiss ermutigt das auch andere Menschen, ohne dass du das wissen musst.

∞

Mit einer spirituellen Freundesgruppe bin ich im alten Israel unterwegs. Als wir bei einer Rast im Kreis sitzen, nehmen wir deutlich wahr, wie in Jedem von uns Christus lebt. Und wir sehen in unserer Mitte ein

quadratisches Tuch, Vlies, das goldgelb und mit
einigen Zeichen versehen ist. Da kommen Soldaten,
und der Hauptmann will uns mit seinem Schwert
niedermetzeln. Ich erhebe mich, halte sein
Handgelenk fest und fixiere ihn mit einem tiefen Blick.
Er lässt das Schwert fallen, will seine Messer zücken,
ich tue dasselbe. Da lässt er von uns ab und geht von
dannen. Wir wissen, dass wir gesegnet und geschützt
sind.
Christusseele:
* Du und die Deinen wandeln in meinem Schutz.
Wer sind die Meinen?

* Wirf einen Stein ins Wasser. Die Wellen bilden
Kreise in rhythmischer Abfolge. Die äußeren weiten
sich. So weiten sich auch deine Kreise immer mehr,
ohne dass du sie sehen kannst, denn du bist schon
eingetaucht.

* Dein blauer Schutz hat sich ins Gold hinauf gewandelt.

∞

Während einer großen Fahrt:
• Wie gehe ich mit den noch vorhandenen, immer wieder auftauchenden Wenns und Abers um? Wie löse ich sie auf zu einem Nehmen, wie es ist?
• Wie gehe ich um mit der Lichtkraft meiner Leibeszellen?
• Sich Ziele setzen und zugleich absichtslos sein - ein nachhaltiges Übungsfeld.

• Das Wunderbare des Begleitet- und Behütetseins -
wie kann ich es auf mein sonstiges Leben
übertragen?
• Da ist kaum mehr ein Unterschied zwischen einem
Außen und Innen - es ist ein einziges
Wandlungsgeschehen.

∞

Ich schwimme mit Familienmitgliedern durch die
starke Strömung eines großen Flusses. Sie hängen
sich an mich, ich habe sie in die sicheren und
ruhigeren Seegewässer zu bringen. Doch da gibt es
eine hochgefährliche Stromschnelle, die wie eine
Wasserweiche erscheint. Gerate ich da hinein,
werden wir gnadenlos in den Abgrund gerissen. So
muss ich mit allen Kräften Richtung See mich
hinüberkämpfen, und es gelingt.

∞

Ein KZ wird aufgelöst und die Wachleute fliehen mit kleinen Gruppen Gefangener. Einer bin ich und bin zugleich ihr Beobachter. Ich spüre und sehe das Leid, den Hunger und die Schmerzen. Da nimmt der Wachmann zwei der Männer heraus, geht mit ihnen abseits und befiehlt ihnen, Gräber auszuheben. Dabei nutzt der eine die Situation, indem er den Wachsoldaten mit Erde blendet und der andere ihn mit dem Spaten erschlägt. Nun sind sie frei, mit den anderen zu fliehen.

Ich wache auf und habe das Körpergefühl eines Ausgemergelten. Und die Gewissheit, sowohl Opfer wie Täter und zugleich Wahrnehmender als ein Ganzer zu sein und doch mich mit niemandem davon zu identifizieren. Ich kann sie fühlen, aber ich bin es müde, mit irgendeiner Seite mitzuleiden.

∞

Mir gegenüber bewegt sich eine lange Reihe Gehender, die in weiße Kleidung gehüllt von mir zur und durch die Pforte der hohen heiligen Stadt Jerusalem geführt werden. Sie kommen Alle aus der Verfolgung und Ermordung und gelangen nun in heilsamen Schutz.

∞

* Anerkenne, wie innig du mit dem Wissen, der Weisheit und den

Kräften der Ur-Hirten verbunden bist. Sie wollen
auch dir nun ihre
    Macht geben.

* Gedulde dich, es wird dir gezeigt werden.

∞

Ich lebe mit meiner Frau, Kindern und einer großen
Herde von Hunden in einem ländlichen kargen Gebiet.
Wir sind in einem glücklichen Miteinander dort. Doch
da kündigt sich eine Bedrohung durch fremde
Soldaten an. Ich bitte alle, sich sofort in unseren
großräumigen Kellern zu verbergen und Stille zu
wahren. Die anderen wollen mich nicht fortgehen
lassen, doch ich weiß, dass ich Hilfe holen muss. So

trennen wir uns unter Schmerzen und ich laufe ins nächste Dorf. Dort kann ich einen geräumigen Wagen samt Fahrer auftreiben, mit dem ich nun meine große Familie abholen komme. Sie konnte unbemerkt bleiben, und wir laden alle auf, Menschen und Tiere, und fahren in sicheres Gebiet. So sind wir gerettet.

∞

Mit Familie und Freunden bin ich auf einem langen Marsch unterwegs. Es ist Winter, sehr kalt. Ein Mann und ich suchen den besten Weg und entdecken, dass es am sichersten und direktesten auf den zugefrorenen Flüssen möglich ist. Wir testen die Tragfähigkeit des Eises, und siehe da, man kann ihm völlig vertrauen. Das sage ich den anderen, die zögernd folgen. Ich zeige ihnen anhand eines eingefrorenen Handschuhs, der senkrecht im Eis verborgen liegt, wie dick die Eisfläche ist. Vertraut mir, hier ist unser Weg.

∞

Schon in 'früheren' Zeiten konnte ich meinen Clan beschützen mit dem Segen eines hohen Schutzes und seiner Kräfte. Offenbar kann ich auf diesen alten Erfahrungsschatz bauen.
Und: Ich finde immer einen Weg!

∞

Auf einer langen Reise durch unwegsames Gelände nehme ich so viele Menschen auf in meinem großen Gefährt wie möglich. Sie sind mir Alle wie eine zusammengehörende Familie. Es ist einsam, steinig, trocken, heiß und weit, unklar, ob und wann wir in einer angenehmeren Gegend ankommen. Darum sorge ich dafür, dass jeder nach seinem Bedürfnis zum Sitzen oder Liegen kommt. Das ist mir sehr wichtig und fällt mir auch leicht. Und ich weiß, wir werden das schützende Ziel erreichen.

∞

Zwei Familienmitglieder leiden an großer Angst um das eigene Leben und die Zukunft ihres Kindes. Mit segnender Herzenskraft sendet der Hirte ihnen folgende Worte zu, die er bei einer Nachtwanderung an einem Lavendelfeld erhielt:

Wir sind große Mächte, die jedes Leben auf der Erde begleiten.

Lausche:

Möchtest du mit unserem Wesen
dich vertraut machen,
so empfinde,
was uns am Herzen liegt:
Sanftmut zu üben.
In Freude zu umarmen.
In blauen Frieden mich sinken zu lassen.
In Gerechtigkeit zu lieben.
Einfach und da zu sein.
Den Fluss des Lebens anzunehmen.
Das Wasser des Lebens auszuschöpfen.
Den Kelch des Lebens nachzufüllen.

∞

Zutiefst berührend, die extremen Höhen und Tiefen
der Erde, und mitten in ihnen bewegen sich die

größten Vögel in ihrer luftigen Majestät. Die Berge
sprechen zu mir:
Sei willkommen!
Weshalb sagt ihr das?
Du bist ein Wesen, das uns Liebe entgegenbringt.
Ja, von tiefstem Herzen.
So wisse, du bist von uns geschützt.
So kann ich die diversen Herausforderungen und
Kontraste von der heiteren Seite nehmen!

∞

Im extremen Hochgebirge erlebe ich die Gnade, von
den sichtbaren und unsichtbaren Bergwesen
empfangen und umarmt zu werden. Sie sagen, dass
sie die unmittelbare Kulisse der Erdumwandlung

repräsentieren. Dabei kann es sein, dass es den Menschen in seinen bisherigen Lebensformen nicht mehr braucht und also nicht mehr geben wird. Ich fühle mich als Seelenform den Elementen so nah wie noch nie, das rührt mich zu Tränen. Ebenso, dass ich von ihnen meine Wünsche an liebevollem Sein für meine Familie wünschen darf. Mein Leib samt dem, was mich darin ausmacht, hat die Prüfung der hohen Anstrengung bestanden. Ich darf unter solchen Mühen die Erde mir noch anschauen, wie sie derzeit zu erfahren ist. Doch es wird nicht mehr viele Zeiten brauchen, dann gehe ich als Pionier in das reine Seelenform-Sein über, das es hier auf Erden als auch in anderen universalen Welten geben wird. Die Erde wird sich aus der alten physischen Form verabschieden. Zumindest gilt das alles für meine Seelenfamilie.

∞

Vertreter einer staatlichen Geheim-Institution kommen
auf mich zu und drängen mich, meine bisherige
Identität und alles, was damit zusammenhängt,
aufzugeben. Ich müsse einen neuen Pass mit neuem
Vornamen annehmen, alle Adressen und Kontakte,
die auf mich weisen, löschen bzw. verlassen und mich
in ein neues, nicht verfolgbares Leben begeben. Wie
das gehen soll? Und weshalb? Keine Antwort, doch
ich möge mich beeilen.
Fragen an meine Seelenfamilie:

Was heißt das? Und wem bringt das etwas?
Wer braucht den Schutz?

* Du bist ein Pionier für die Gesellschaft darin, das
bisherige Leben völlig zu wandeln, so dass das

Bisherige unkenntlich wird und du dich und niemand
mehr dich noch sich damit identifizieren kann.

*Die notwendigen Schritte zur Weiterentwicklung der
Menschen. Du bist einer von Jenen, die das auf
heilsame Weise initiieren können. Denn wir sind die
hohen Vertreter, die dich führen.

∞

Im Miteinander mit Menschen, Tieren und Pflanzen ist
letztlich nur unser aller reines Sein bedeutsam. Was
sie auch tun, nichts davon hat Bestand außer ihr Sein
in ihrer Anwesenheit. Das ist es, was man das
Ansinnen aller Seelen nennen kann. Nichts bleibt wie

es ist außer dem Sein, das nicht vergeht. In diesem
Sinne ist Alles gleich gültig.

Wenn nichts bleibt außer meinem Sein:
Werde ich in andauernder Flexibilität geprüft, die
- nur(?) - hier auf
Erden lebbar ist, und deren Essenz das Sein
bereichern kann?

* Ja.

Flexibel: biegsam, beugsam, anpassungsbereit,
offen für das ganz anders Kommende, sich nicht
fixierend bis zur Unsichtbarkeit?

* Unsichtbar so sehr, dass du dich selbst nicht mehr
erkennen kannst und so frei wirst für jede Verbindung
ohne Gebundenheit.

* Ja. Du bist im Hintergrund, ungebunden von
Irdischem und verbunden mit unserem
Seelenverbund.

∞

Ich bin in meiner schwäbischen Heimat und erfreue
mich gerade an der Frühlingsblüte der Apfelbäume.
Da wird mir zum Abschluss meines Studiums eine
Prüfungsaufgabe gestellt, zu der ich mich ausführlich
schriftlich äußern soll:
'Wie steht zu landwirtschaftlichem Arbeiten und seiner
Ernte (z.B. Äpfel, Kartoffeln, Tierprodukte) der 2.
homöopathische Satz im Verhältnis?'

∞

Du warst mir der vermutlich seltsamste Schüler, den ich je hatte. Als du mit eurer Heilpraktikerschulgruppe bei mir im Allgäu zum ersten Mal auftauchtest, dachte ich mir, dass es doch nicht so einen naiven und vorlauten und sozial fragwürdigen jungen Mann geben kann. Und dann gewinnst gerade du den Aroma-Wettbewerb, was dich extrem motiviert hat, an all meinen Angeboten in Süddeutschland und der Toskana teilzunehmen. Und was soll ich sagen, du hast dich in das ganzheitliche Wissen rund um die Pflanzen gut hineingefunden. Und auf eine mir rätselhafte Weise hast du einen eigenen Zugang zu ihren Wesensbotschaften gefunden. Das war zwar ganz anders als mein ritueller indianischer Weg, aber du hast deine Art von schamanischer Heilkunst entwickelt. Du hast mit der Natur gesprochen und ihr gelauscht mit allen Sinnen, das ist gewiss ein grundlegendes Geschehen. Welchen Sinn dabei deine

Poesien hatten, erschloss sich mir nicht wirklich, ich bin eine Praktikerin der Mutter Erde, die deren einfachen, ursprünglichen Mittel wiederentdeckt und nutzen lehrt. Doch meinem Respekt vor deinem Sonderweg in unserer Aroma- und Phyto-Dozentenszenerie konntest du allmählich sicher sein. Man bekam über Hörensagen schon einiges über deine mitunter skurril erscheinenden Bücher und diverse weltweiten Seminare mit, und es fragten sich Viele, woher du dein spezielles Wissen und deine Spiritualität bekommen hattest. Als du von meiner Firma wechseltest zu jenem Schweizer, hatte man hier und da vermutet, da gäbe es eine Aroma-Sekte. Das war gewiss Unsinn, ich war mir sicher, du lerntest und lehrtest weiße Magie. So habe ich mich ehrlich gefreut, dich wieder einmal zu sehen in einer Pause meines Berliner Heilpflanzenkurses. Ich wünsche dir von

Herzen einen weiteren geistigen Weg in Begleitung hoher Wesenskräfte.

∞

‚Das kann man tun oder auch lassen!' hatte ich dir geantwortet, als du in einem meiner Fußreflexzonen-Seminare unbedingt darauf bestandest, man könne eine Fußcreme auch selbst herstellen. Das erschien mir neunmalklug, du warst ein recht eigensinniger Schüler, meintest, im Sommer mit kurzer Hose dich auf die Massageliege legen zu müssen, was ich etwas unpassend fand. Zugleich warst du immens interessiert, auch an den geistigen Hintergründen meiner Arbeit. Und warst begeistert von meinem

Garten und den Tees daraus. Jahre später erinnerte ich mich an deinen Ausspruch, der du ja immer wieder auch zur Assistenz und zum Durchführen eines Aroma-Massagekurses erschienen bist. Ich orderte bei dir Rezepte für meine Fuß-Balsame und dich zu ihrer Einführung bei meinen Lehrertreffen. Die Öle hast du sogar mit Klängen von meinen Musiker-Gästen und mit Poesie verbunden. Das hat mich beeindruckt und wollte ich unterstützen. So ließ ich dich gerne auch ein paar Tage in meinem Anwesen wohnen, wo du wohl auch neue Gedichte schriebst. In der Liebe zu sprachlichen Bildern und zu den Heilkräften der Natur hatten wir eine Verbindung zueinander. So habe ich dir auch, als du zu deinem

50. Geburtstag auch eine Stippvisite bei mir
machtest, das Du angeboten. Da deutete sich an ein
Verhältnis wie von einer Meisterin zu einem
Meisterschüler. Gerne war ich auch bereit, ein
einführendes Geleitwort für euer Heilpflanzen-Buch
beizusteuern. Dabei waren mir wichtig, einige
unserer Übereinstimmungen zu betonen. Der
salutogenetische, ganzheitliche und individuelle
Anwendungs-Aspekt als auch der tolerante Stil und
die Liebe zu klarer Sprache hatten mich begeistert.
Dies Buch hatte Hand und Fuß, vergleichbar eben
mit meiner Arbeit.

Nun bin ich schon eine sehr alte Dame geworden, ob
wir uns noch einmal in diesem Leben begegnen

werden? Zumindest wünsche ich dir, dass du, dir treu bleibend, deinen Weg gut weitergehen mögest!

∞

Du bist für mich - und gewiss galt das auch für viele Seminarteilnehmerinnen - ein ambivalenter Mann und Kollege. Wir hatten uns an einem meiner Marktstände kennengelernt, du warst zunächst an meinen hochwertigen Ölen interessiert. In der Schweiz war ich, selbst Teilnehmende, sehr angetan von deinem Engagement und deiner Art von Erfahrungslernen, die Gruppenübungen waren fantastisch lebendig. Und das Interesse mancher deiner Schülerinnen an dir auch - doch du bliebst authentisch. Das war es: man konnte dir glauben, was du vermittelt hast. Du warst ehrlich. Und als du mich mehr und mehr als Assistentin heranbatest, war ich froh und konnte meine Fähigkeiten einbringen. Ich kannte das schon als jahrelange Begleitung eines holländischen Musikers, die Wünsche abzulesen, die Vorbereitungen und nötigen Kleinigkeiten abzunehmen, zu organisieren. Ob du das immer so anerkannt hast, weiß ich nicht, doch unser Deal stimmte für mich als Kauffrau. Was für mich allerdings immer wieder als eine Herausforderung zeigte, war, mich an dein ständiges Voranpreschen anzupassen. Du warst forschender Pionier, genial wie auch oft abgehoben und insofern auch die Menschen überfordernd. Das durfte ich ausgleichen mit handfesten praktischen Umsetzungen wie meinen Massagestunden und Pausengesprächen. Nie warst du mit dir und dem Geschehen so ganz zufrieden. Vor allem die geistigen Aspekte und ihr Verständnis bei den Teilnehmern reichte dir selten aus, während ich vieles als schon außergewöhnlich empfand. Manchen Denkanstoß von dir erlebten wir als sehr lebensnah und hilfreich, manchmal war das schlicht zu weit weg. Ich liebe es, mit den Heilmitteln sehr konkret umzugehen, nicht ohne den geistigen Hintergrund, doch mit Lebenspraktikabilität im Blick. Damit lässt sich das auch leichter anbieten und verkaufen. Dein

Verhältnis zum Geld und zur geistigen Welt in seiner Widersprüchlichkeit fand ich oft schwierig. Aber du warst und bleibst sehr unkonventionell, bis dahin, dass du dann einfach in der fatalen Corona-Zeit ausgestiegen bist, was sich in deinen Büchern und Auszeiten ja schon angekündigt hatte. Dass du dann mir deine Nachfolge übertragen hast, ehrte mich sehr, war konsequent. Ich wertschätze insofern deine Arbeit nach wie vor und gebe diese Würdigung auch gerne meinen Kursteilnehmern weiter. Mit deinen nun nachfolgenden vorwiegend spirituellen und biografischen Büchern kann ich nicht so viel anfangen, da gehst du eben getreu deinen ungewöhnlichen Weg.

∞

Ein alter Mann (ich) kommt in die laufende Vorstellung eines Konzertes in einem großen Saal. Er ist scheinbar ein Komiker, fängt er doch an, vor der ersten Reihe in einem Rollstuhl langsam voranzurollen. Dabei nimmt er seine Violine zur Hand und ergänzt das gerade gespielte Stück auf geniale und furiose Weise, sodass ein Lächeln durch die Zuhörerschaft geht. Man freut sich über die kuriose, unerwartete und zugleich wunderbare Erweiterung des Programms. Nach der Veranstaltung nimmt er (ich) seine senile Mutter, seine muntere Tochter und seinen munteren Hund und bringt die alte Dame zurück zu ihrem nahegelegenen Haus. Auf dem Weg kommen sie an einem sehr alten knorrigen Apfelbaum vorbei. Er schaut ihn genau an, zunächst im

Dämmerlicht und kühlen Abendnebel schwer zu erkennen, sieht dann aber erfreut, dass er erneut in voller Blüte steht. Überall sind seine zarten weiß leuchtenden Blüten erschienen. Er macht die anderen darauf aufmerksam, da sehen sie es auch, und gemeinsam freuen sie sich daran.
Ich frage den Baum, was es mit seiner Blüte auf sich hat.
Ich bin sehr alt, uralt. Auf den Schichten meines Stammes und meiner Äste kannst du viele Flechten und Moose erkennen. Das rührt mich, mir stehen Tränen in den Augen. Sie erzählen Urgeschichten von unserer Mutter Erde. Und wer mit deinen Augen schauen kann, erkennt in der Ausstrahlung meiner unscheinbaren Blüten das Licht unseres Ursprungs. Dies Licht ist ohne Zeit und hat kein Alter.

Sein Licht hüllt mich ganz ein, was mich noch mehr
berührt. Ich zittere von der Liebe dieses Blüten-Lichts.
Da sprechen der Baum und ich es zugleich aus:
Du und ich, wir sind Eines.
Später komme ich zu einer Mosterei, wo der Saft
dieser Äpfel verkauft wird. Sie freuen sich dort, davon
einen ganzjährigen Vorrat zu haben, so reich ist die
Ernte.

∞

Ich bin eng verbunden mit einer ururalten Frau mit
schlohweißem Haar. Sie möchte von mir begleitet und
gepflegt werden, ist sie doch schon etwas
gebrechlich. Es ist mir selbstverständlich und eine
Ehre. Ich werde ihr bis in ihren Tod zur Seite stehen.

∞

Mein Garten ist mein Paradies, mein Rückzug, meine Rettung. Gerettet haben wir unsere Mädels vor den gemeinen russischen Soldaten, doch ich muss mich bis heute retten zu meinen Rosen, die mich trösten. Denn Trost habe ich nötig. Mein Mann, der angesehene Herr Pfarrer, sieht und nutzt mich nur als seine Hausangestellte und hintergeht mich ansonsten. Ich bin nicht so gebildet, und mir schmeckt eben erst alles mit viel Zucker wie einem Kind. Vielleicht bin ich ja immer ein kleines naives Mädchen gewesen und geblieben. Und gehe in den großen Pfarrhaus -Garten zu meinen geliebten Rosen und spreche mit ihnen. Ich frage sie nach ihrem Befinden und was sie denn heute von mir brauchen? Und dann lass ich sie trinken und befreie sie von Unkraut. Denn sie sind recht empfindlich und stolz zugleich. Das wäre ich auch gerne geworden: eine stolze Schönheit, mit der sich mein Mann gerne in der Gemeinde zeigt. Er weiß gar nicht, dass die Leute mich doch mögen. Von einem Menschen weiß ich es allerdings sehr genau: du, mein ältester Enkel liebtest mich und begleitest mich so gerne zu meinen Rosen. Und ich liebte dich sehr und freute mich, wenn du meinem Zwiegespräch mit ihnen lauschtest. Und der Junge bewunderte ihre Formen und Farben und in seinen Augen spiegelte sich ihre Schönheit. Irgendwann, vermutlich alsbald, werde ich auf dem nahen Friedhof liegen, und ich hoffe, es wachsen und blühen Rosen an meinem Grab. Meine Seele wird sie pflegen und für sie sorgen. Und vielleicht leben ihre Seelen in dir, meinem lieben Enkel weiter?

∞

Ich bin unterwegs. Da kommt mir von höchster Wesenswarte der Satz: Wasche deine Kleidung. Jetzt.

∞

Meine Seele, bin ich ein Heiler?

* Nein. Du bist ein wahrhaft Seiender geworden,
einfach dies, nichts mehr und nichts weniger.

Habe ich dann nur dies zu tun, wahrhaft zu sein,
ansonsten nichts weiter?

* So ist es.

Dient das in irgendeiner Weise der Welt, der
Erde, Menschen?

* So ist es. Mehr gibt es für dich nicht zu wissen.

Danke.

∞

DAS HAUS – Ein Lebensmärchen

Einhundert Jahre bin ich verbunden. Vielleicht auch viele, viele Zeiten mehr. Eigentlich bin ich schon immer da. Ich, der Geist oder die Seele des Hauses, spiele auf der Tastatur von Bindung und Lösung, und ein Beispiel davon bezeugt sich eben hier. Mein Stück wird natürlich auch anderswo gespielt, für so außergewöhnlich will ich mich nicht halten, und doch bin ich einzigartig. Die Art, wie sich in mir Leben schichtet und umschichtet, erzeugt Geschichten eines beispielhaften Netzes, das trägt und Erdendasein erträglich sein lässt. Es ist so geknüpft, dass eine Netzhaut entsteht, mit der die Ahnung zu erschauen ist, wie Alle und Alles verbunden sind. Keine hundert

Jahre Einsamkeit, sondern hunderte Jahre
Verbundenheit. Womöglich für die Ewigkeit.

Er war schon vor mir da und wird es auch nach mir
sein. Ich bin fast noch ein Teil von ihm, doch er ist mir
ein Vieles mehr. Er ist mein Atem. Der Wald ist mein
Rücken, meine Brust, mein Halt. Er ist meine
natürliche Behausung, auch wenn der Mensch seine
Natur schon etwas entartet, arg gezähmt hat. Auch
und gerade weil ich der Stadt zugehöre, die mich
gemeinschaftet, weiß ich in ihm meinen Urgrund. Er
ist meine Erde, mein Wasser, meine Luft. Er ist hier
noch besonders lebendig durch seine Seen, die wie
seine Seelenfamilie erscheinen. Bei jedem Wetter und
in jeder Jahreszeit zeigen sie sich anders mit ihrem
Elfenspiel. Deren Nebeltänze und Wellenfreude und
Eisspiegel und Nachtstille und Lichtflimmern sind

Perlenschätze für die so große laute Stadt und ihre
Bewohner.

Die Stadt, der ich angehöre, ist auf Sand gebaut. Hier
hält nichts sehr lange, und er hält nichts auf Dauer.
Nicht einmal die Regenwässer, auch wenn es hier vor
Langem viel Sumpf gegeben hat. Sumpf und
Sandiges - nicht so wirklich Vertrauen Spendendes.
Vieles versickert, manches vertrocknet. Hier ist viel
Blut in den Boden gedrungen, hier ist viel Lebendiges
ausgedörrt. Doch der Wald und das Wasser und der
Wind und die Weite wandeln den Boden immer
wieder, sodass auch viel neues Leben darauf sich
entfalten kann. Es ist eben auch ein Boden
beständiger Erneuerung. Er hält nichts vom
Festhalten, selbst eine die Stadt zertrennende Mauer
hatte recht kurzen Bestand. Auch ein tausendjähriges
Reich zerfiel blutig alsbald nach ein paar elenden

Atemzügen. Vom Blut erholt sich der Boden allerdings nur mühsam. Ich weiß, dass ich mit meinem Segen und dem Sein meiner Bewohner und Gäste auch den Boden verwandele.

Sandiger Waldboden mit Kiefernnadeln, Kienäpfeln, Giersch, Schöllkraut und Laub will um mich herum nicht so einfach zum Ziergarten mit edlem Rasen oder zum Gemüsebeet werden. Nur die grünen Hände von Erdmüttern lässt er sich gefallen, und deren Kindern und Kindeskindern Gelächter und Spiele. Dieses kleine Fleckchen Erde hier bei mir zeigt immer wieder: unsere Große Mutter schenkt sich uns als ein Garten, ein grünes Geschenk. Überall und jederzeit. Da beugt sich ein junger Mann neben einer der Blüten und erkennt darin sein eigenes Erblühen. Da lauschen Menschen, um die Feuerschale sitzend, Märchengeheimnissen der Rose und spüren die

Liebe, die neben ihnen aus dem Beet entgegenduftet.
Da schlemmen und tollen und springen und sprühen
und schaukeln Kinder und Alte und wissen sich
geborgen. Figuren aus Sand oder Schnee lächeln
dazu.

Es gibt sichtbare Mauern und solche, die man nicht
anfassen kann, aber auch sehr fest sein können, und
solche, die man verkennt, nicht wahrhaben will.
Letztere sind mitunter sehr langlebig und enorm
eingrenzend. Mich musste man daran erinnern, dass
ich ja nicht nur aus Materialien bestehe, die Wohnung
bilden, sondern innerhalb von alledem Bilder wohnen,
die die Mater, die Mutter alles Irdischen, in sich birgt.
Um zu diesen Urbildern irdischen Wohnens zu
gelangen, muss man Grenzen überwinden.
So musste ich mich daran gewöhnen, dass ich ein
Haus des Umbauens, der Umnutzung und

fortwährenden Wandlung werden sollte. Aus einer Garage wurde ein Werkzeugschuppen ein Therapieraum, aus einem Wohnzimmer eine Praxis ein Seminarraum ein Spielzimmer, aus dem Dachfirstraum ein Schlafzimmer, aus der Verandaterrasse ein lebensgefüllter Wintergarten, aus dem Kohlenkeller ein Saunaraum, aus der Waschküche eine Werkstatt mit Duschbad, aus Kinderzimmern Büros, aus einem Kleidereinbauschrank eine Küchenzeile, aus einer Kofferablage ein Badezimmer mit Wanne, aus einer Sandgrube ein Öltank, und so weiter. In jedem Raum war schon ein Bild eines nächsten und übernächsten enthalten. Es gab und gibt keine Grenzen, weder materieller noch finanzieller noch ideeller noch konventioneller Art. Ich wusste nicht, dass ich nur im Denken der ersten Architekten und Handwerker ein Gebäude aus Steinen, Putz und Mörtel war.

Ureigentlich bin ich ein waberndes Gebilde aus Fantasien, Bedeutungen und Bedürfnissen. Und noch mehr…

Meine Räume erstrahlen von einem Licht, das wie eine Grundnahrung für Mensch und Tier wirkt. Hier sind einige Kinder hineingeboren worden und aufgewachsen. Aber eigentlich ist in jedem Menschen ein Urkindliches, das sowohl Licht als Liebe aussendet als auch gerne empfängt. Und ich ziehe viele Menschen an, die alsbald sagen, es sei hier so gemütlich und familiär vertraut. Und manches Tier, das Herzenslicht bedarf, fühlt sich hier angezogen und willkommen geheißen. Ob Hasen, Hunde, Katzen, Igel, Eichhörnchen, Vögel, selbst Waschbären und Füchse. Seit das Vogelhäuschen ganzjährig körnergefüllt wird, hat sich die Vogelschar vervielfacht, und nun singt sie sogar in winterlichen Nächten. Zerzauste und traumatisierte Katzen und Hunde finden hier eine Herberge, aus dem Nest gefallene Vögel und selbst ein hinkender Fuchs sind mir nicht egal.

Eines Tages wurde es mir klar: ein sehr großer Engel steht direkt an meiner Seite und hat ein unsichtbar feines, netzartiges, blaues Schutztuch über mich gelegt. Ich und alles und Alle in mir stehen unter seinem Schutz. Und er bleibt und bleibt und bleibt. Und auch zur Gartenseite hat ein Engel seine Arme ausgebreitet. Der ist sehr tief und nährend mit der Erde verbunden.

∞

Und nun sitze ich am Mittelmeer an einem Hafenquai,
und das unter einer riesigen Statue, die wie ein Engel
die Ankommenden empfängt. Der Künstler hat ihm
den Namen 'homme-oiseau' gegeben...
Bin ich womöglich selbst ein solcher?

∞

Ein Engelwesen, umgeben und getragen von einem
erdhaften Kreis oder Ring, hält in der Rechten ein
Licht oder Kerze mit einer spiraligen Rauchsäule
von/nach oben, und segnet einen Mann vor/unter ihm.
Den Mann genauer betrachtend erkenne ich eine Art
Helm auf seinem Kopf und einen Schnauzbart wie bei
Hitler. Auch er bzw. seine Seele wird gesegnet.
Was heißt das eigentlich dann: Segen?

∞

In Nîmes sitze ich auf einem kleinen Museumsplatz
unter ein Kunstwerk mit der Bezeichnung 'le signal';
Ich werde erst etwas später mir bewusst, dass es eine
- zwar irdisch metallene mit zwei Ampeln oben darauf
- Abbildung jener Engelsäule darstellt, und dabei
ebenso zweideutig ist, in welcher Richtung sie sich
dreht. Nur: Signal wofür? Zum Aufbruch einer noch
ganz anderen 'Reise'?
Es ist womöglich ein Zeichen für die Durchlässigkeit
und Durchlichtung meiner Wirbelsäule. Ein Er-
leuchtungs-symbol, mit dessen Kraft und Segen es
nun weitergeht.
Es scheint mir, dass ich mich auf den Weg in ganz
unirdische Gefilde machen soll/kann/darf, und dies auf
Erden mit Hilfe Irdischer Lichtspender und
Begleitwesen...

Wenn ich innerlich frage, wohin und wofür oder für wen, dann kommt die Antwort: Komm. Lass all das unsere Sorge sein. Komm einfach. Es bist du, der da kommt.

∞

Ich bin des Nachts in einem Delta, in dem viele Flüsse aus allen Richtungen zusammenströmen. Das geschieht mit unterschiedlicher Heftigkeit, mal sind da intensiv flutende Stromschnellen, mal Untiefen, mal ist es seicht und flach. Mit Anderen muss ich dort hindurchwaten. Vom Ufer aus werfen mir Leute gelbe Tennisbälle zu. Ich fange einen auf und soll ihn weit über die Gewässer werfen. Ich hole aus und mein Ball fliegt so weit wie bislang keiner. Da staunt man. Ich auch, aber ich gehe nun weiter und fühle mich in dem

ganzen Strudel recht sicher. Ich gelange gefahrlos an ein nächstes Ufer, wo der Weg weiter geht.
In allen Fluten * bin ich geschützt. Auch die Wurfaufgabe ist kein Problem, sondern gelingt sehr gut. So kann ich mich glücklich fühlen, durch diverse Herausforderungen gut gehen zu können.

∞

• An meine Seele:
Inständig bitte ich dich, erlöse mich von meiner Angst, nicht genügend
versorgt zu werden!

* Nein. Diese Angst gehört nicht dir, ist nicht deine, sondern jene deiner Herkunftsahnen. Du wirst schon dein ganzes Leben genügend versorgt! Allerdings nicht, wovon du meinst; es ist so wenig materieller Art,

wie in dir noch eine ungestillte Lust an materiellem
Versorgtsein gärt. Du wirst lachen: du bist versorgt
immer und immer mit und durch:
Licht, Luft und Liebe. Diese strömen für und durch
dich unaufhörlich. Nimm sie endlich bewusst an!

Ja.

* Ich bitte nun dich: Beende jegliche Sorge um dich.

Ja.

* Erinnere dich: du willst frei sein. Was diese Sorge
anbetrifft, bist du frei, so du dich dafür entschieden
bekennst.

Ja. Licht, Luft und Liebe?

* Licht: Deine Sonne strahlt und nährt. Luft: Es bewegt. Liebe: Du bist vereint, du bist eins.

∞

Ein Kreisen und Wenden und Blenden und Bleiben und Wandeln und Fluten und Strömen:
Farben glitzern, leuchten, wechseln mit aufblitzenden Bildern, durchdrungen von klangvollen Klecksen und rhythmischer Flut von Sein und Sein und Sein. Alles, was es erfüllt, ist ein Nichts und ein Übervieles. Das fließt in Überbordendem ohne Flussbett, ohne Begrenzung, ohne Richtung, ohne Besinnung. Es wirbelt in mächtigen Spiralen, mit Wucht und Würde, und ihre Wandlungen sind nie Handlungen, sind Kräfte für die Ewigkeit. Alles zugleich, nie ein Anfang, nie ein Ende. Das tönt und dröhnt und schwingt und singt, ein Stimmen und Glimmen, unaufhörlich, unaufhaltsam, will Es sich zeigen in ewigen Reigen.

Und indem Es sich zeigt, kann Es sich sehen. In ewig
schönen wohlklingenden Bildern: in seinem
Kaleidoskop des Seins.

∞

Die Erde zeigt mir, dass es noch viele ihrer Varianten
gibt. Eine besteht nur aus fließenden Farbwolken, die
permanent wechselnde Schönheit kreieren.

∞

Aus einem senkrechten blauen Lichtstrahl wird ein
waagrechter mit einer ovalen Erhöhung in der Mitte.
Ich spüre, dass meine Seele wieder dringend mit mir
kommunizieren möchte. Sie zeigt mir ihren Weg:
 das Oval legt sich um eine kleine Sonne und wird
deren Lichtring. Der erhebt sich nach einer Weile und
bewegt sich, stark in sich spiralig kreisend.

Irgendwann lässt er sich auf etwas nieder, das wie ein schwefelgelber Boden erscheint. Der Lichtring wird zu einer schwarzen Pyramide, die halb von gelbem Boden bedeckt ist. Mich umschauend erkenne ich, dass der Boden Teil eines riesigen Sonnensterns ist. Ich schaue auch innerhalb der Pyramide nach oben, darinnen ist der Raum weiß-blau. Der Stern kommt mir vertraut vor, hier bin ich schon einmal vor dem Erdenleben gewesen. Oder es scheint nur so und der Stern ähnelt einem anderen, dort war der Boden gelbbraun und sah wüstenartig und ewig weitläufig aus. Meine Seele 'sagt', ich sei ein universaler Reisender, könne immer eine gewisse Ära bleiben und müsse dann aber weiter, um mein weißblaues Licht zu verteilen, aus dem ich immer wieder selbst heraus bin. Doch dieses Weiterreisen ist ein Zeitgleiches, universal lichtet und leuchtet es überall zugleich. Die jeweilige Aufenthaltsdauer variiert gemäß der Umgebung, doch ist es immer und überall zugleich gegenwärtig.

* Es verbindet Seelenfamilien über Äonen.

* Es geschieht als Seelen-Wiedererkenntnis, und dies umso reiner, unmittelbarer, je weniger mein irdisches Ich involviert ist. Das darf nun bei den Erden-Aufenthalten immer mehr zur Ruhe kommen. Es darf seine lichtvolle Botschaft und Erfahrungen auf eine einfache Weise weitergeben, um zu verbinden. Doch das hat das Ich nicht in der Hand.

∞

* Ich bin als Seelenselbst ein Teil deiner Seelenfamilie. Gerne darfst du mit uns sprechen, wir freuen uns darüber.

* Du stellst eine Frage, die es für uns so nicht gibt. Für uns gibt es ewige Verbundenheit. Wir sind miteinander verbunden und es gibt keine andere Wahl. Deine sogenannte Freiheit auf Erden besteht vielleicht darin, sie zu ignorieren.

* Was du Abhängigkeit nennen magst, ist die innige Verbundenheit mit uns und damit die einzige Wirklichkeit: deine Existenz als Seelenwesen in einem Körper, mit dessen Hilfe du wirksam werden kannst.

* Nur du bestimmst deine Wirksamkeit. Nur du wirkst mit Hilfe deines Leibes auf die Bedingungen schöpferisch. Sei ganz in deinem Leib, in den dein Schöpfungsplan schon längst in jede Körperzelle gelegt ist.

* Dein Leib, dein Dasein ist mit uns verbunden und mit unserer Hilfe immer wieder mit neuen Lichtimpulsen versorgt. So gilt beides: du wirst geführt und kannst daraus frei schöpfen.

* Das können wir nicht beantworten. Dein Bewusstsein ist die Empfangsschale des Lichts. So bist du in jedem Augenblick Anteil des Lichts. Es strahlt durch dich, es spricht durch dich, in jener Intensität, die dir gemäß ist. Sei dir dessen immer mehr bewusst. Und sei dir gewiss, darin bist du mit uns verbunden.

* Meine Eigenschaft ist: ich mache Alles hell und klar.

* Als sichtbares Sonnenlicht erhelle ich alles irdisch
Sichtbare, dabei mit mehr oder minder Schattenwurf.
Als das in allen Dimensionen Strahlende bin ich ein
Alldurchdringendes, das nur deine Seele erschaut.
Für sie ist mit meinem Impuls alles licht, es durch ein
unendliches Nichts erstrahlt. Da ist nichts und doch
west durch mich alles, unerschöpflich.

* Wir als deine Seelenfamilie bitten dich: Nimm unsere
Quelle, unser Licht wahr, immer und immer wieder!
Wir wissen, wie sehr du die Sonne liebst und sie dich.
Doch du kannst auch aus dem Unsichtbaren
schöpfen. Das ist deine Wesensaufgabe.

* Mache dir darüber keine Gedanken, du bist ein
Diener des Lichts. Sei bereit.

* Es gibt keine Trübung, keinen Schatten, kein Dunkel, nicht einmal ein mehr oder weniger an Hellem - in Allem ist klare Schönheit - sie durchströmt sich ja auch in allem Irdischen.

∞

Ich bin in mehreren Zeitebenen und Orten auf der Welt zugleich. Auf einem Display sieht das aus wie die Zeitleiste der Videos, die ich derzeit aufnehme. Es ist so, dass ich jederzeit an jedem Ort sein kann. Das erlebe ich als eine große Freude und Freiheit.

∞

Ein Mann in auffällig leuchtendem goldbraunen Anzug geht in einem Strom von Menschen zu einer Versammlung. Auf dem Weg wird er von mehreren

Männern angesprochen, er möge heute unbedingt
den Vortrag halten. Der Mann wundert sich, hält sich
zunächst bedeckt, sagt dann aber doch zu. Er tritt an
das Mikrofon des Rednerpults und beginnt zu
sprechen, wohl über Autismus. Doch nach wenigen
Worten kann man ihn akustisch kaum mehr
verstehen. Doch trotz einer gewissen Unruhe sagt ihm
das niemand. Da trete ich zu ihm und bitte, er möchte
doch lauter sprechen. Doch nach wenigen Sätzen ist
es wieder dasselbe, man kann seinen Worten nicht
folgen und den Sinn nur erahnen.
Ich frage ihn dazu, und er antwortet:
Ich spreche nicht nach außen, sondern zum Inneren
der Menschen. Das aber verständlich, und ich bin mir
sicher, die Seelen begreifen. Denn ich spreche über
sie selbst.

∞

Gundula und ich sind bei einer Radtour auf einer Waldlichtung angekommen. Wir machen ein Picknick. Währenddessen fällt mir im Hintergrund ein Holunderstrauch auf, dessen Blüten stark leuchten. Je abenddämmriger es wird, umso mehr strahlt er. Ich muss zu ihm gehen, bevor wir weiterfahren.
Bei ihm angekommen nimmt er mich in seine leuchtenden Blütenarme und dreht mich so um, dass ich aus seiner Warte schauen kann. Wir bewegen uns miteinander wie in einem Tanz. Du bist auch ein Licht-Tänzer, sagt er zu mir. Tanze weiter im Licht!

∞

Wenn ich nicht wüsste, und ich weiß es einfach, weil's mein Herz mir sagt, dass du und ich, besser vielleicht deine und meine Seele seit uralten Zeiten

zusammengehören, dann hätte es so manchen
Zweifel geben können an unserer Verbindung. Du
hast dir so manches herausgenommen, was andere
Frauen längst in die Flucht getrieben hätte. Aber mein
Herz ist nicht nur wissend, sondern auch fast ständig
am Lachen. Und das schallt mal leiser und mal lauter
aus mir heraus. Oder ich piekse dich Verrücktling mit
irgendeiner liebevoll-dreisten Bemerkung, gespickt mit
weiblichem Charme, klugem Witz und
Wahrheitsfreude, dass ich bei deiner garantierten
Reaktion wieder etwas zu lachen habe. Nur eines will
ich keinesfalls, weil ich weiß, dass es umgekehrt dir
genauso geht - ich will dich nie verletzen. Denn du
ehrst meine Würde als Frau in jeder Hinsicht, und das
habe ich sehr zu schätzen gelernt. Und auch wenn du
oft weit unterwegs warst, weil du das so magst,
konnte ich mich darauf verlassen, dass du in der
Regel mir zur Seite standst, wenn ich dich brauchte.

Du hast in dir ein eher himmlisches Feuer und ich das
eher irdische, und darin haben wir uns ausgetauscht,
ergänzt und sind gemeinsam gewachsen in
gegenseitigem Unterstützen.
Ja, gelegentlich hätte ich mir schon einen
handwerklich besser versierten, im Umgang mit
unseren Kindern geduldigeren, im Verhältnis zu dir
und deinem Erscheinungsbild einen eleganteren und
fantasievolleren Mann gewünscht.
Aber ich bin mir bewusst, dass du hier und da
durchaus auch offene Wünsche an mich hattest, die
ich nicht erfüllen konnte. Ich habe mich gewiss nicht
so typisch feminin aufregend geben mögen, wie es dir
vor allem in unseren ersten Jahren gefallen hätte. Ich
liebe schöne Orte und Gegenden, aber für mich
müssen sie nicht so weit entfernt sein und ich muss
sie nicht so oft bereisen. Es war immer wieder ein
Wunder, vor allem haben das meine Freundinnen so

empfunden, dass wir uns als solch effektives Team erwiesen, allem voran in allen Aufgaben, die unser Haus betraf. Ein Wunder deshalb, weil es schon symbolisch war, dass ich gerne unseren Garten bearbeitet habe, während du Gedichte schreibend auf dem Dach saßest.

Doch in so vielen Themen und Herausforderungen sind wir, uns zuhörend, umeinander gekreist und kamen uns in den wichtigsten Bereichen immer wieder näher. In so mancherlei, wie du es gerne wiederholst, müssen wir uns nicht verstehen. Aber darin schon: dass wir uns bedingungslos und verlässlich lieben; dass wir uns gegenseitig freuen, wenn wir uns selbst leben dürfen; dass du und ich uns mit unserer eigenen Seele verbunden wissen und darauf vertrauen, dass unsere Seelen sich schon ganz klar darüber sind, was sie noch mit uns vorhaben. Und du liebst vielleicht das Leben mitunter *auf etwas andere Weise als ich, aber du liebst es und fürchtest auch den Tod nicht. Klar ist ja, dass ich zuerst gehen werde, denn ich möchte nicht so gerne alleine bleiben. Denn ich bin so gerne mit dir zusammen - vor allem, weil es mit dir immer wieder etwas zu lachen gibt.*

∞

In einer Villa warte ich mit zwei Frauen meiner Familie auf zwei weitere Frauen, mit denen ich wohl früher verbandelt war. Wir brauchen Geduld, und ich bin auf der Terrasse mit der Frage, was ich denn dann mit ihnen machen soll? Da öffnet E. die Flügeltüren und von rechts kommt eine Schweizerin, von links eine Österreicherin herein. Sie sind wunderschöne junge Frauen, in edlen bunten Gewändern gekleidet.

Langsam kommen sie auf mich zu, und ich weiß nun
gar nicht mehr, was tun.

* Wir sind vier stellvertretende Seelen deiner
Seelenfamilie von Jenen, die sich in Europa inkarniert
haben. Und es ist schlüssig, dass du nicht weißt, was
tun. Denn es gibt nichts zu tun. Nimm unsere innige
Verbundenheit mit deiner Seele wahr, und unsere
Dankbarkeit zu dir, der du in einer männlichen Person
inkarniert sein kannst.

* Du weißt, dass es zur Wandlung auf Erden nun
starker weiblicher Kräfte bedarf. Doch auch das

wandelt sich wieder. Bleib dort noch eine Weile, wir begleiten und lieben dich.

Danke.

∞

Mit einer Reisegruppe bin ich am Meer und stelle ihnen am Strand vor einer Bar nahe dem Ufer alle meine Pflanzen - und Aromafläschchen zur Verfügung. Man staunt und freut sich, macht mich aber darauf aufmerksam, dass sie sehr nahe dem Wasser aufgestellt sind. Und da gerade Flut ist, kommen die ersten Wellen und umfließen die Heilmittel. Ich lasse es geschehen, weiß ich doch, dass die Natur sie wieder zu sich nehmen wird. Doch eine Frau wagt sich selbst ins strudelnde Gewässer mit seinen unberechenbaren Riff-Strömungen, die sie ignoriert. Alsbald wird mir klar, dass sie alleine nicht mehr dagegen ankommt und es nicht mehr zurückschaffen wird. Ich springe in die Fluten, schwimme zu ihr, packe sie an den Schultern und ziehe sie mit letzter Kraft ans Ufer. Während ich

dort versuche, wieder zu Kräften zu kommen, fragt
sie, ob irgendetwas Gefährliches gewesen sei?

∞

Ich gehe in einen Raum mit vielen Menschen. Sie und
ich wissen, ich bin ein Heiler, der dazu da ist zu
zeigen, wie man Heiler ist ohne Heilmittel.

Meine Seele, was ist das?

* Du brauchst keine Mittel zum Heilen von Krankheit.
Du hältst heil, du bewahrst.

Bewahre ich durch ein wahrhaftiges Sein?

* Wisse noch weiter um das Wahre.

* Das Wahre ist zwischen den Erden und Sonnen mit ihren Welten. Es ist fließend. Es ist im auf dem Wasser schimmernden Sonnenlicht wahrzunehmen.

Darum liebe ich es so und sehne es immer wieder herbei! Das Wahre ist schimmernd, glänzend, tanzend, fluide. Wie das Leben. - Bewahren, heilhalten, wie soll ich das zeigen? Ich möchte nur sein...

* Sei fließend. Du wirst aufmerken, so du auf Wahres weisen sollst.

∞

Du bist wie eine offene, gläsern-durchsichtige hohe leere Flasche, in die sich durch den langen schmalen

Hals ein feiner Lichtstrom ergießt. Er kommt aus einer goldgelb strahlenden Fläche quer darüber, lässt das Licht aber zugleich auch dorthin wieder ausstrahlen, sodass es sich in allen Richtungen ausweitet. Wir sind dieses Lichtfeld und du und wir in immerwährendem strömenden Austausch.

∞

Eine schwarze Pyramide wird zum dunklen Durchgang (unserer Leben), der überdeckt und dann umhüllt wird von einem flexiblen Lichtmantel (der Seelenfamilie). Der bildet sich zur rotierenden Kugel, die wiederum in einem unendlichen Lichtnetz wie in einer riesigen DNA eingebettet ist. Das ist ein unendliches Netzwerk aus Licht, das in der ewigen Dunkelheit durchdringend sich ausweitet und ausweitet. Nur darum geht und dreht sich alles.

∞

Mit anderen bin ich im Hochgebirge. Da überfliegen feindliche Flugzeuge und Drohnen die Berge und übergießen und besprühen sie mit einer leichtentzündlichen giftigen Flüssigkeit. Mit nur einem Funken würde es hier lichterloh brennen und alles zerstört werden. Ist hier ein Entkommen noch möglich, oder eine Abwehr? -

Ein schwarz gekleideter Arzt missbraucht in einer klinischen Einrichtung für Experimente einen Mann und lässt ihn verschwinden. Seine Frau sucht ihn verzweifelt, wird von dem Arzt belogen und umgebracht. -

Beim Anblick der wunderbaren Strahlen der Morgensonne durch die Bäume wird mir wieder einmal bewusst, dass eine solche in anderer Dimension auch durch mich und in mir dauerhaft strahlt. Die letzten Traumgeschehen sind vielleicht Abbildungen menschlichen Machtmissbrauchs, wie ich ihn schon lange kenne und immer wieder darüber träume. Es wird klar, dass meine Aufgabe darin liegt, diese Geschichte von Menschsein mit Hilfe dieses Lichts in einer unsichtbaren Dimension zu erlösen. Eigentlich ist es aber umgekehrt: ich bin ein Werkzeug, die Meister sind die Seelenfamilien-Wesen. Das ist eine 'Arbeit', die in der Macht der Seelenfamilie und der Geisteswelt liegt. Ich habe keinerlei Kontrolle darüber, wie sie die große Angst der Menschheit vor Kontrollverlust wandelt. Und ich kann das nicht beurteilen, was daraus werden sollte...

Frage an sie: Ist dem so?

* Du bist unser wirksames Werkzeug und unser Werk zugleich. Wir geben dir die Träume, nicht, dass du

bewertest, was Andere tun, jedoch, dass du erkennst
und wertschätzen kannst, dass du selbst immer freier
von jenen Ängsten wirst. Damit wirst du für uns auch
ein Werkzeug, das leichter Klarheit erschaffen kann.

Bin ich denn ein Werk für Alle, dient es allen
Menschen?

* Du dienst nicht, du bist, du bist, du bist...

Was oder wer bin ich dann?

* Du bist ein Seiender auf Erden. Reines Sein, das ist
viel mehr als du denken kannst. Reines Sein ist ein
Sein als nichts und niemand, mit dem du dich
vergleichen oder identifizieren kannst. Und zugleich ist
es ein Sein in Allen und Allem.

Es fällt mir nicht leicht, jegliche Form meines
Seins anzunehmen. Anzunehmen, ohne ein
Müssen, ein Sollen, ein Wollen, ein Können.
Nichts weiter als zu sein. Es ist eine große
Sehnsucht danach, und doch bin ich noch nicht
frei, irdisches Sein als rein von jeglicher Pflicht,
jeglichem Auftrag, jeglicher Notwendigkeit
anzunehmen.Jedoch gibt es auch jene
Momente des Sein-Dürfens, für dessen
Geschenk ich sehr dankbar bin.

* Das ist menschlich und hat eben keine Bedeutung.
Wir, deine Seelenfamilie, lieben dich, gleich wie du
bist.

So sei es.

∞

Ich bin mit Gundula am Rande einer Stadt und möchte mit ihr Liebe machen. Doch da sind viele Bauarbeiter in der Nähe, die Berge von Ziegelsteinen abholen kommen, um einen hohen runden Turm zu erweitern. Es ist hier zuviel Volk unterwegs, und wir gehen wieder nach Hause. Doch dort ruft mich mein Vater an, ich möge sofort in eine Wohnung in der Nähe kommen, dort wird meine Hilfe gebraucht. Dort angelangt sehe ich ein wildes Familienchaos. Komplettes Durcheinander in den Räumen, tobende Kinder, eine Frau bettlägerig, das Hauptzimmer steht unter Wasser. Ich frage, was ich denn hier zuerst tun soll, beginne, den Boden aufzuwischen. Dann spiele ich mit den Kindern, bevor ich nach der Mutter schaue. Ich frage sie, was sie braucht, doch das kann sie nicht sagen. Mein Vater ist auch ratlos, ich fühle mich überfordert von der für mich extrem unangenehmen Situation. Da wache ich auf und bin ziemlich gerädert.

Mein Vater-Ich drängt mich, etwas Hilfreiches gegen das Chaos zu tun, doch ist er eigentlich ratlos und ich bin komplett überfordert. Hier kann ich gar nicht alleine nützlich sein.

Ich bin gerädert und habe einige Tage später eine heftige Augenlidentzündung. Ich bin nun erst recht geschafft, nachdem ich die letzten Wochen extrem viel geschafft hatte.

Was reizt mein Auge so, dass ich meine Erschöpfung nun endlich wahrnehme?

Noch kann ich nicht wirklich für mich annehmen, dass ich nicht mehr machen muss. Niemand drängt mich - außer eine Macht in mir selbst.

Wie heißt du, Macht?

Gott-Vater.
Gibt es dich so? Und das verbunden mit einer uralten Bringeschuld?

Meine Seele, das ist ein Irrtum oder eine zu überwindende Altlast!

Ja das stimmt, Gott ist kein Fronvater. Es ist dein lichter Kern. Doch da ist noch ein Rest von kirchlicher Prägung in dir, den du auflösen kannst.
Du bist der 'Kirche' oder einer kirchlichen Obrigkeit nichts mehr schuldig.
Aber offensichtlich war ich das einmal.

Ja, und du hast dich daraus hervor entwickelt und bist nun wirklich frei!

∞

In meinem Garten will ein junger Mann aus einer Forschungseinrichtung meine geistigen Tätigkeiten untersuchen, indem er sie nach bestimmten Vorstellungen steuert und dabei meine Hirnströme misst. Dagegen verwehre ich mich entschieden, denn es sei kein manipulierbares Geschehen. Er versteht das nicht und drängt mich, nun anzufangen. Du kannst mich mal, sage ich und lasse ihn stehen. Im Haus hört sich Gundula das an und beschwichtigt mich, sie werde das klären. Ich lasse mich nur unter der Voraussetzung ein, weder berührt noch sonstwie beeinflusst zu werden. Denn ich möchte ihm deutlich machen, dass ohne irgendeine Festlegung erst wirklich Neues geschehen kann. Und so ist es dann: ich komme in eine Verfassung geistiger, stark im ganzen Leib vibrierender Hochenergie, in der ich

immer feinstofflicher werde und reine, universale,
schöpferische Inspiration empfange in künstlerischer
Art. Und dem jungen Mann widerfährt in meinem
Kraftfeld, dass ihm klar wird, was eigentliche
Kreativität sein kann.
Meine Seele spricht:

* Du darfst nun wirklich den Jungen in dir verwandeln
und jegliches Festlegen sein lassen. Ich führe dich,
nichts und niemand kann uns trennen.

∞

Meine erste Erinnerung in diesem Leben: ich bin ein
Jahr alt, in einem Laufställchen in einem Dachzimmer,
da kommt plötzlich ein Ziegenbock heran und ich
schreie vor Erschrecken. Er schaut mich lange an und
verschwindet. Mein Vater kommt herein und versteht

meine Aufregung nicht. Nachdem er mich wieder verlassen hat, schaue ich aus dem Dachfenster ins Licht und bin endlich zutiefst getröstet.

∞

Vielfältige Abschiede: Ich verabschiede mich von Seminaren, von Menschen, von Dingen, von Orten, von sich mir aufdrängenden Sorgen. Gesichter von unangenehmen Männern tauchen auf, wandeln sich rasch, zum Schluss lächeln sie.

Das Besondere ist die Intensität der Abschiede. So Vieles wird nicht mehr sein. Lächerliches wie Großartiges wie Bedrohliches - alles vorbei. Ein leerer Tisch, ohne neue Lasten?

* Ein leerer Raum, ein leerer Tisch, auch du dir
unbekannt. Stelle dich auf den Tisch, schaue nach
oben, öffne das Dachfenster, erhebe dich ins Licht
und zugleich Nicht-Licht. Das ist mein Raum,
grenzenlos. Hier bewegen wir uns in völliger
Verbundenheit. Aus diesem Seelenraum erfährst du
deine eigentliche Größe für dein Erdendasein.

Macht.
Habe keine Angst vor deiner Macht, solange sie im
Weißen und Blauen Licht steht und dein Ich sich nicht
einmischt.
Es ist Seelenmacht, die dich führt. Lasse dich führen.
Du bist ein verbindender Seelenbote, Träger der
Botschaft, doch nicht ihr Auftraggeber. Das ist die
hohe Seelengemeinschaft, die dich führt und schützt.
Immer und immer wieder hast du dabei mit deinem Ich
Hindernisse zu überwinden, zu umfahren oder zu

meiden. Diejenigen dieses Erdenlebens sind die
geringsten.
Wir senden dich in viele Welten, weil wir dich dort zur
Verbindung brauchen. Und wir haben dich
ausgestattet mit allem, was du dafür brauchst. Sei dir
unserer Verbundenheit gewiss.

∞

Kein Wesen kann zu Nichts zerfallen!
Das Ewige regt sich fort in allen,
Am Sein erhalte dich beglückt!
Das Sein ist ewig, denn Gesetze
Bewahren die lebendigen Schätze,
Aus welchen sich das All geschmückt.

Das Wahre war schon längst gefunden,
Hat edle Geisterschaft verbunden;

Das alte Wahre, faß es an!
Verdank es, Erdensohn, dem Weisen,
Der ihr, die Sonne zu umkreisen,
Und dem Geschwister wies die Bahn.
(J.W.v.Goethe)

∞

Deshalb verweilt der Weise im Nichttun

und lehrt ohne Worte.

Die Dinge treten heran,

doch er verschliesst sich nicht.

Er erzeugt,

doch er will nicht behalten.

Er hilft,

doch er beansprucht keinen Dank.

Er vollendet sein Werk,

doch er verharrt nicht dabei.

Und weil er nicht dabei verharrt,

weicht es nicht von ihm.
(Laotse)

∞

Ich schließe die Augen und bin in Durchgängen von Sternenwelten, Universen und vielfältigen Dimensionen. Es ist ein beweglicher Lichtkreis, durch dessen schwarzblaue Mitte ich schaue. Es glimmert eine helle Perle inmitten. Nichts ist so schön!

∞

Beim morgendlichen Wachwerden 'sehe' ich eine junge Frau in goldgelber Kleidung und mit hellblondem Haar. Sie hat eine wunderschöne Ausstrahlung. Das sage ich ihr, und sie schaut mich an mit einem wissenden Blick. Sie weiß, dass ich sie nicht anmachen will noch kann, sondern dass wir uns begegnen müssen, weil wir verbunden sind. Da wird mir klar:

Du bist meine Seelenfrau, die du mir immer mal wieder zeigst, wie nah du mir bist. In deiner Schönheit und in deinen Augen kann ich in Glückseligkeit versinken.

* Ja, und zugleich passe ich auf dich auf, sowohl deinen Schutz als auch deine Wachheit. Bleibe wach!

Ist dein makellos schönes Erscheinungsbild ein Abbild geistiger Unversehrtheit und Reinheit, die eben überirdisch wirkt?

* Meine Wesenheit ist irdisch nicht darstellbar außer durch traumhafte Überdehnung. Du kennst ja die Wirkung: du kannst nicht anders als meine Liebe zu dir spiegelnd, völlig entzückt zu sein.

Das ist ja ein Geschenk jenseits von Raum und Zeit. So brauche ich dich nicht mehr zu fragen nach der Eigenart meines nächsten Lebens - es ist ein in ewiger Verbundenheit Seiendes.
Voila.

∞

Meine Seele:
* Du kannst mich fragen, was immer du möchtest - wisse, dass du eigentlich die Antwort schon kennst. Denn ich habe sie dir schon vor der Frage gegeben. Und nun ist dir auch bewusst, was Du bist: nämlich einer in Allen, Alle in einem. Du erkennst dich im Mensch-Sein eines Jeden wieder, warst und bist und wirst du wie jeder und jede. Wie die Zellen eines großen Organismus spürst du die Vibration des Lichts

in Allem in seiner jeweiligen Ausprägung. Bis hin zur Erde und zur Sonne und weit darüber hinaus.

* Es gibt andere Länder mit anderen Lebensbedingungen. Aber es sind überall Menschen. Alles weitere siehe oben…

∞

Ich bin mit Freunden in einer Unterkunft. Einen davon, einen schwarzhäutigen Mann, besuche ich abends in seinem Zimmer. Da sagt er zu mir, es sei gerade so dunkel, er könne seinen Raum nicht erhellen, und er habe das Gefühl, etwas sehr Großes sei im Gange. Ich nehme das auch wahr und antworte, er möge

noch etwas warten. Er fühle, dass sich ihm sein
Göttliches im Dunkel zeigen werde, sagt er
hoffnungsvoll und ehrfürchtig zugleich. Da dämmert
es ein wenig, und sichtbar wird eine Gestalt auf
seinem Bett. Allmählich wird da sichtbar eine junge
Frau, die im Bett liegt und gerade wach wird. Sie reibt
sich die Augen, versucht ihr langes Haar zu ordnen
und weiß, nun muss sie aufstehen. Und wir wundern
uns.
• Ich frage meine Seele, was sie mir hier mitteilen will.

* Die Frau in 'deinem' Bett bin ich, und durch mein
Licht kannst du mich erschauen. Ich bin dir immer
nahe, und da du in Verdunkelung und in Ehrfurcht
abwarten kannst, zeige ich mich nun dir. Nun hast du
in Erleuchtung mich geweckt, und diese direkte
Begegnung ist noch neu.

* Wir sind längst Hand in Hand, doch nun kannst du mich sehen.
Und Du kannst auch die Seele jener erschauen, die dich um Hilfe bitten.

∞

* Du kennst das Durchfluten von Seins-Wellen in deinem Leben und Leib. Prüfe intuitiv die Rhythmen des Gegenübers. Das wird dich zum Sehnen nach

seinem Gleichgewicht führen. An das kannst du erinnern.

* Dein aktueller Weg einfach da zu sein.

* Ja. So geschieht es schon, sei dir gewiss und
bewusst, dass sie sich dir schon lange nähern. Sie
haben deine Bereitschaft geduldig abgewartet.

* Deine Sprache ist deine eigentliche Wesensgabe.

Du bist ein Seelen-Sprach-Führer. Du führst
unsichtbar mit heilsamen Worten, die nur Seelen im
Wesen begreifen.

> Bin ich das Verantwortungs-Wesen für die
> Seelenfamilie, aus der ich stamme? Und ist das
> derzeitige irdische Familienleben mein
> Übungsfeld?

* Du übst Verbundenheit. Und du bist unser Geliebter!

∞

Extrem intensiver Ausnahmezustand unserer Familie:
Jedes Familienmitglied ist mit individueller Art von
Herausforderungen beschäftigt, wie es sie so das
Familienwesen noch nicht hatte. So, als ob jede/jeder

für das Ganze durch seine eigene Extrembeanspruchung Kräfte zu entwickeln hat, die das Wesen brauchen kann/wird/will - wofür auch immer.

Es ist eine besondere und starke Familie. Jeder hat seinen persönlichen Platz und gibt für das gesamte Mosaik sein Bestes. Jeder geht bis an sein bislang nicht erahntes Limit und darüber hinaus.

Das Familienwesen wächst in vielfältiger Weise und gedeiht, wie es offenbar nötig ist.

Alle sind so miteinander verbunden, dass die Einzelkräfte sich potenzieren zu einem starken Ganzen, was wiederum jedem Einzelnen zugutekommt.

Über unsere Familie weit hinaus dient diese extrem anstrengende Entwicklung dem großen Netzwerk, in das wir alle verwoben sind.

Dafür bringe ich mich mit meinen Gaben ebenfalls ein, die ich auf dieser Fahrt nun auch außergewöhnlich schule. Vor allem ist es Ausdauer auf mehreren Ebenen, hohe Flexibilität und Anpassung an die ständigen Veränderungen, Liebe zur Schönheit der Erde und des Daseins in ihrer Verbundenheit, und Würdigen der mitunter irrsinnigen Eigenarten ihrer menschlichen Bewohner.

Möge sich alles so weiten und entwickeln, wie es die Erde braucht. -

Ein Bild dazu:

Eine Frau (meine Seele) kommt zu einem wertvollen 'Stein' und sagt: Hierfür habe ich die größte Liebe und Verbundenheit und die Aufgabe der Fürsorge. Nur dadurch gedeiht er.

∞

Immer wieder geht es ums Licht, heute morgen gleich dreimal der Hinweis, das Licht geht auf. Ist das schon die Quintessenz?

* Du bist unsere Lichtfigur.

Was ist das?

* Du erhältst und erinnerst immer wieder an das Seelenlicht, das unser Aller Quelle ist. Du bist ein 'Geistlicht-Schürer'...

∞

Hohe Vertreter einer Regierung beauftragen mich, für ihr Land als Radfahrer an einem Rennen a la Tour de France teilzunehmen. Sie erwarten, dass ich für sie gewinnen werde. Ich staune, muss ich mir zunächst ein Rad dafür besorgen und die Strecke besichtigen. Das tue ich, fahre die sehr holprigen Wege ab, die eher nach einem Crossrennen aussehen. Als ich die Zeit ablesen will, finde ich keine Uhr.

Meine Seelenfamilie, fahre ich in unbekannte zeitlose Gefilde für euch und soll da etwas gewinnen?

* Du bist immer für uns unterwegs, und das ist sowohl dein Auftrag als auch unser Gewinn. Was du an Erfahrungen machst, verwandeln wir in unseren ' Lernstoff '. Und du bist dabei für uns der Beste.

∞

Mir wird in einem hohen und kahlen Gebirge die Geschichte eines Tales gezeigt. Mit dem Bergführer gehe ich an den tiefsten Punkt zwischen den steilen Felswänden. Dort unten kommt man sich klein und nichtig vor. Er sagt, nun werde dieses Tal endlich belebt, und verschwindet. Stattdessen beginnt sich die Talschneise mit Wasser zu füllen, es wird geflutet, und über mir steigt der blaue Wasserpegel sehr schnell. Wo zuvor noch Tageshelle war, verdunkelt sich das Tal durch die Wassermassen. Ich wundere mich, wie ich diese Masse über mir verkraften kann, und frage mich, ob ich hier noch hinauskomme. Da stoppt die Füllung, der Damm hält. Nur noch eine kleine Lichtluke bleibt, und dorthin kann ich entweichen. So viel Wasser, so viel neue Lebendigkeit!

∞

Ich bin in einem Haus am Meer, das in einem Sturm gerade sehr hohen Wellengang tobt. Dennoch begebe ich mich ins Wasser direkt vor der Glaswand des Hauses, etwas vor der Brandung geschützt durch eine Kaimauer. Doch ab und zu schwappt das Wasser über mich herüber, was ich amüsant finde, die Beobachter im Hause eher nicht. Als ich wieder drinnen bin, bekomme ich einen Anruf von einer Firmen-vertreterin. Man verkauft dort Naturheilmittel und Öle. Sie schildert, dass die Informationen, die sie darüber weitergeben, allseits bekannt und veraltet seien. Ob ich mein neuestes Wissen, das wohl tiefgründiger und umfassender sei, ihnen weitergeben könnte?

∞

Nach einem erschöpfendem Tag mit vielen Gesprächen ziehe ich mich in meinen Atelierladen zurück und lege mich früh am Abend schlafen. Da klopft es gegen das Türgitter und ich höre eine Frau rufen, ob ich da sei und öffnen könne. Es ist Petra T. mit einer Reisegruppe von Menschen, die ich von früheren Seminaren her kenne. Ich stolpere schlaftrunken aus meiner Liege und empfange sie. Ich schlüpfe in Hose und Hemd und höre, wie sie die Gruppe umherführt. Sie sagt, dass hier früher überall meine vielen Aromafläschchen gestanden hätten, doch nun an den Wänden kunstvoll gestaltete Rahmenbilder anzuschauen seien. Sie enthalten Verse über Verse der neuen Gedichte von mir. Man wandelt umeinander, die nummerierten Verse zu lesen. Ich werde gefragt, ob es auch ein Buch dazu gebe. Man staunt und freut sich. Das altnoble Ambiente des Ateliers erzeugt eine würdevolle

Atmosphäre. Ich werde langsam richtig wach, habe ich ein solches Besucherinteresse nicht erwartet. Viele mir bekannte Gesichter sind dabei, und sie wissen schon lange von mir.

∞

Immer und immer wieder erscheinen in den Träumen ehemalige SeminarteilnehmerInnen bzw. ihre Seelen. Im Dank, in Ehrerbietung, in Anfrage, im Miteinandersein. Das berührt mich sehr, sind wir doch weiterhin verbunden. Was heißt das für meine weitere Präsenz? Wollen sie mit dem, was ich jetzt tue, begleitet werden? Findet das vor allem auf Seelenebene statt? Habe ich da noch eine Aufgabe, oder geht es schlicht um meine Würdigung?
Es kommt die sofortige Antwort: Wir sind da in seelischer Verbindung, du bist unser Lehrer und

Meister, wir anerkennen deine geistige Autorität und können so mit dir lernen. Deine Schritte wandeln sich zu unseren.
Ich antworte: Das ist schön. Ich werde meiner Verantwortung nachkommen.

∞

Ein großer schwerer schwarzer Fels kommt per Schiff vom Meer oder aus dem Himmel zu uns und wir wollen ihn in unser Haus transportieren. Das geht aber nicht von Hand, und da er zu mir in die höherstöckige Wohnung gebracht werden soll, wo ich ihn zu hüten habe, muss ein Kran geordert werden. Der hievt den Fels vorsichtig in mein Zimmer. Er ist schwarz glänzend, und mir wird deutlich, dass er ein Geheimnis birgt. Es ist die schwarze Pyramide, die ich früher zur eigenen Seelenstärkung bekommen hatte.

Nun steht sie unserer Familie zur Verfügung, doch bin ich ihr Schutzherr.

∞

Und da gibt es weitere Lebenszusammenhänge der derzeitigen Inkarnation, in denen ich in gewissem Sinn wissentlich, meist eher unwissentlich **verschiedenartige Hirtenrollen** eingenommen habe:

- Herkunftsfamilie
  - …meiner Mutter als Ehenot-Ausgleichender und Begleitung während ihres Sterbens.

Wenn mich doch jemand so sehen würde, wie ich eigentlich sein könnte - einfach so. Mein Vater hatte Hochgeistiges oder Gemeindeaufgaben oder

Frauengemeinschaft im Sinn, aber mit Kindern konnte er nichts anfangen. Erst als meine weiblichen Rundungen zu erkennen waren, griff nicht nur sein Blick danach. Das musste ich aushalten, immerhin gab es ab und zu dann auch eine Belohnung für mich. Wusste meine Mutter davon? Es gab später einen schönen Mann, in dessen Sportcoupé bin ich gerne mitgefahren, und ich konnte es kaum glauben, er wollte von mir nichts dafür. Er warb sehr respektvoll um mich. Doch dann kam da aus einer anderen Pfarrfamilie ein an mir recht interessierter Sohn, gerade der Kriegsgefangenschaft entkommen. Der war wie ausgehungert, und dem musste ich doch etwas geben! Dass ich davon gleich schwanger wurde, hatte mich überrascht, und sein Heiratsantrag mich überrumpelt. Was blieb mir übrig, meine Ehre zu retten? So blieben wir durch dich, das Kind zusammen. Die Schwangerschaft war mühsam, ich

musste als Krankenschwester ausgeruht sein, so gab
es zum Glück ein wirksames Schlafmittel. Solche
hatte ich immer zur Hand, später auch, um mich
umbringen zu versuchen. Niemand wusste oder wollte
wissen, ich auch nicht bis heute, dass mein Kind
Glück im medikamentösen Unglück hatte und es nur
eine kleine Behinderung an der rechten Hand erlitt.
Ich schämte mich, ein teilweise behindertes Kind zu
haben. Es sollte so bald und so oft operiert werden,
bis der Schandfleck zumindest so weit nicht mehr
vorhanden war, dass du normal aufwachsen könntest.
Dir wollte ich alles geben, irgendwie fühlte ich mich
schuldig und musste etwas wettmachen. Da mein
Mann mich immer wieder besteigen wollte, konnte ich
ihm zum Ausgleich immer wieder mal einen Vorteil
abluchsen. Z.B. mit dem Auto dorthin fahren, wohin es
ihn nicht interessierte. An einem Sylvesterabend
wurde in einer anderen Stadt das Musical ‚My fair

lady' aufgeführt, und so nahm ich dich, den Jungen mit, den das gefreut zu haben schien. Du warst mir ein gewisser männlicher Ersatz, ohne mir zu nahe zu kommen. Dir konnte ich meine Sehnsüchte zeigen als auch mein Leid klagen. Du bist später immer weiter weggezogen, wir konnten dich nur selten besuchen. Als du dann selbst eine große Familie gründetest, habe ich heimlich deiner Frau gesagt, sie möge achtgeben, Männer seien immer nur auf das Eine aus. Eigentlich solltest du mich retten vor ihnen, und später gesundmachen von allen meinen Krankheiten, schließlich hast du das doch irgendwie gelernt. Denn ich wollte doch noch leben und erleben, viele Länder und Kulturen. Dann kamst du bei einem Besuch in meiner Kurklinik mit der absurden Frage, ob ich denn schon mal an den eigenen Tod gedacht hätte, der womöglich nahestehe? Du hast den Teufel an die Wand gemalt! Wie kommst du nur auf solche

Gedanken? Ich war ja erst 75 Jahre alt, habe aber doch noch gar nicht richtig gelebt!

∞

An einem spanischen Urlaubsort werde ich sterbenskrank mit extremen Fiebertemperaturen, Schweißausbrüchen und Kopfschmerzen ähnlich einer Meningitis. Zeitgleich, ohne dass ich darüber informiert war, liegt meine Mutter im Sterben. Unsere Seelen begegnen und kommunizieren in einer intensiven und gegenseitig hilfreichen Weise, wie wir das zu ihren Lebzeiten nie wahrgenommen hatten. Ich begleite sie eine kleine Passage durch das Nichts auf ihrem Weg ins Licht. Als sie gegangen war, komme ich zurück. Da bin ich sogleich wieder komplett gesundet und mit meiner Familie auf einer Bergwanderung zugange.

∞

<ul>
<li>…meinem Vater im Erleichtern seiner Sterbezeit, indem wir eine Pflegeunterkunft für ihn fanden.</li>
</ul>

Vor vielen Jahren habe ich dir schon einmal einen Brief geschrieben. Darin hatte ich dir angesichts deines Ehevorhabens mit Gundula meine Ehe mit deiner Mutter geschildert. Ich erinnere mich mit einer gewissen Scham, wie ich dich in deinen Pubertätsjahren gebeten hatte, zwischen ihr und mir zu intervenieren, da du ihr offensichtlich nähergestanden hattest. Und eben weil unsere Ehe gescheitert war, ich Brigittes Liebe oder Anerkennung nie wirklich bekommen habe, war es mir damals in der Sauna ein großes Anliegen, dir und deiner hübschen zukünftigen Frau meinen Segen zu geben. Dass ihr unser bescheidenes Freizeithäuschen gerne nutztet, hat mich sehr gefreut. Über eure Hochzeit war ich dann schon verblüfft, sowohl über die Tatsache, dass du dich auf eine solche konventionelle Form einließest, als auch mit dem Wissen, ich würde wohl Großvater werden. Doch dann war ja der Ablauf wiederum sehr dir entsprechend, zwar mit kirchlicher Trauung, doch sehr in eurer Eigenregie, bis hin zum Gasthof-Menu, das in seiner Schlichtheit wohl den Wirt schier um den Verstand gebracht haben muss. Aber ihr hattet einen guten Fürsprecher, den schwäbischen Pfarrer, in dessen Haus wir ja auch den anderen Eltern begegnet sind. Wir beiden Väter hatten Dias über euer Aufwachsen zusammengestellt. Und dabei war mir bewusst geworden, dass du mir sowohl wichtig warst als auch ein Rätsel. Ich wollte dir meine Begeisterung für die Natur zeigen, dich für das

Leben vorbereiten und über seine Schwierigkeiten aufklären und wusste nicht, wie das geht. Vor allem nicht in Hinsicht auf die Sexualität, die mir so existentiell war. Und du bist mir alsbald nicht nur räumlich in weiter Ferne gerückt, sondern mit deiner ewigen Kritik an allem und jedem immer fremder geworden. Sehr häufig fühlte ich mich auch von dir so sehr in Frage gestellt, dass ich mich nicht zu wehren wusste als denn mit Schlägen. Du hast einmal gesagt, dass ich dich womöglich auch verprügelt hätte, wäre ich einer der Polizisten auf deinen Demos gewesen, im Protest für mir Unverständliches und gegen alles, was mir wert erschien. Dass du dann später eine immer größer werdende Familie und Haus und Garten hattest, die ja zu versorgen waren, war einerseits schön. Andererseits haben wir nicht verstanden, wie das mit deinem abgebrochenen Theologie-Studium und einer blümeranten, reiselustigen Heilpraktiker-

*Existenz gehen sollte. Das erschien unverantwortlich,
das konnten wir nur zum Teil unterstützen. Und als
dann Brigitte immer kränklicher wurde, haben wir uns
wiederum von dir im Stich gelassen gefühlt. Sie war
dann ohne deine Anwesenheit gestorben und beerdigt
worden. Dass ich dann noch eine alte Freundin hatte,
schien dich nicht weiter zu interessieren, auch nicht,
als ich dir andeutete, ich würde nicht am Stock gehen
wollen, schon gar nicht am Rollator, und erst recht
nicht als Hilfsbedürftiger mich irgendwelchen Pflegen
aussetzen. Als ich mich völlig alleingelassen fühlte,
wollte ich meinem Leben ein Ende setzen, was leider
misslungen war. Meine nachfolgende jahrelange
absolute Ohnmacht und Ausgeliefertsein gegenüber
Ärzten und Pflegern hätte ich gerne alsbald beendet.
Mit äußerster Mühe äußerte ich meinen einzigen
wirklichen und letzten Wunsch an dich, du mögest
mich in die Schweiz bringen. Ich habe nicht*

verstanden, weshalb du es nicht getan hast. So verlängerte sich mein Leid noch. Aber ich trage es dir nicht nach. Ich war kein für dich guter Vater, (schon gar kein aktiver Großvater), sondern vermutlich einer, der wie eine Altlast war, die du zu erlösen lernen musstest. Und mir scheint, du bist damit schon weit gekommen. Ich kann dir nur wünschen, du habest es mit dem Mann - und Vater - und Großvater - Sein leichter.

∞

- …meiner Schwester als Begleitung in der Sterbezeit der Eltern.

Ich werde von einem Pfleger ans Sterbebett meines Vaters gerufen. Er hatte soeben seinen letzten Atemzug getan. Da sitze ich nun und weiß, er ist jetzt endlich so befreit, wie er es sich schon lange gewünscht hatte. Und ich bin es auch, was das Mitertragen seiner Lasten betrifft. Diesen Moment hat meine Schwester so sehr gefürchtet, sie hätte hier nicht sitzen können. Darüber war sie später sehr froh.

o   in der Kindheit bei den Pfadfindern:
Ich verhelfe als Anführer meiner Wölflings-Gruppe bei einer großen Pfadsuche zum raschen Rückweg, nachdem sie sich verlaufen hat.

o   im Allgäuer Kinderdorf:
Ich arrangiere für die Kinder abenteuerliche Aktivitäten, die sie nicht mehr vergessen, weil sie ihnen Mut und Stolz auf ihre Fähigkeiten gaben. So wie ich fast 50 Jahre später kindlichen Müttern in einem peruanischen Mutterhaus Vertrauen und Selbstliebe vermittelt habe.

Die Seelenschwester-Verbundenheit mit der Kinderdorf-Mutter Chr. über fast 50 Jahre:

Über viele Jahrzehnte sind wir uns immer wieder begegnet. Und dabei habe ich das seltsame Gefühl, eigentlich immer dieselbe geblieben zu sein, während du diverse Entwicklungssprünge gemacht hast, die ich mitverfolgen, begleiten und bestaunen konnte. Du kamst als ein junger Spund mit tausend Gedanken, aber ohne handfestes Können zu uns als Praktikant, hattest aber von Kindern und Verantwortung und praktischem Umgang mit Dingen keine Ahnung. Du bist mit einer Autoladung voller Kinder über Glatteis knapp an Unfällen vorbeigeschlittert, hast dich wild mit anderen Mitarbeiterinnen umeinander getrieben, hast als Feriengast meines Hauses deine Freundin befeuchtet, nicht aber die Blumen meines Gartens, hast aber auch Sportaktionen mit der Kinderschar initiiert, die bewundernswert bis selbstüberschätzend waren, und hast über die Salbei ein Gedicht geschrieben. Mich letztlich damit als schöne und konsequente Matrona gezeichnet, in der ich mich wiedererkannt habe. Du bist später immer wieder zu Besuch gekommen, mein Mann wurde schon skeptisch, und in vielen Gesprächen haben wir uns wie Seelengeschwister gefühlt. Du hast die Natur, die Pflanzen, die Tiere geliebt - und ich wurde mir allmählich unsicher, ob ich dich nicht auch liebe? So hatte ich mich gescheut, je meinerseits Kontakt zu dir aufzunehmen, das war nicht meine Art. Aber du kamst und hast Vieles von mir verstanden, vor allem auch manches aus der geistigen Welt. Und im doppelten Sinne waren unsere Spaziergänge Gratwanderungen, zu gerne hätte ich mich gelegentlich in deinen jüngeren Armen gesehen. Das hat nicht dürfen sein, ich spielte in deinem Leben nicht diese Rolle einer Liebhaberin. Irgendwie musste ich meinem Mann treu *bleiben, auch wenn es bei meinen Tanzgruppen schon auch andere Interessenten gegeben hat. Als es gesundheitlich mit ihm zu Ende ging, pflegte ich ihn monatelang. Nun bin ich alleine. Wie das wohl wird? Du hast mich mit deiner Frau besucht, sie ist schwer in Ordnung.*

∞

- Weitere Seelenschwester-Verbundenheiten:

Versucht habe ich es immer wieder, mich einzugliedern in die normale Gesellschaft, anzupassen an die üblichen Konventionen, nachzuahmen die gängigen Denkmuster. Aber es gelang mir nicht wirklich, es ging nicht gut. Und ich glaube, nur du weißt, warum. Und ich weiß, du lässt

mich so, weil ich draußen stehen bleiben muss.
Räumlich draußen, gedanklich weit außerhalb,
emotional in der Kälte, sozial alleine, seelisch im
Irgendwo-Nirgendwo. Vor Ewigkeiten bin ich aus einer
Scheinwelt von Mode und Mondanität irgendwie über
eine Heilpraktiker-Ausbildung auch in deiner Welt von
Glaubwürdigkeit gelandet, und hatte gehofft, ich gehöre
dazu. Aber ich gehöre niemandem und zu niemanden,
ich bin eine vogelfreie Zigeunerin. Auf einem
halbverlassenen, kaum beheizbaren Bauernhof habe ich
nur meinen Katzen zuliebe eisigen Winter überlebt, im
Schweizer Gebirge einem spirituellen Kaufmann gedient
und ihm knapp entkommen, als er meine Seele und

meinen Körper haben wollte, eine Zeitlang war ich unter
die Fittiche einer Äbtissin in einem Kloster gekommen,
meine Schwester duldet mich, vielleicht aus Mitleid,
meine beste Freundin bleibt mir treu. Bei mir überwiegt
das Leiden und der duldende Umgang damit. Yoga -
Übungen und Kabbala-Lektüre und die ätherischen Öle
helfen mir gelegentlich dabei.

Und du: wir sprechen uns ja noch ab und zu. Du bist für
mich einer der Wenigen, die echt sind. Was du machst,
tust du ganz. Ich hätte dir und uns damals irgendwie
gewünscht, dass dein Werk zu einem größeren
Unternehmen wird. Doch du zogst die Reißleine, es war
dir suspekt, weil zu materiell bindend und von irdischem

Erfolg abhängig. Auch du willst ein freier Vogel sein und lässt dich ungern bestimmen. Da sind wir uns ähnlich. Doch du bist den Weg mit Haus und Familie und dessen ganzen Konsequenzen gegangen, ich bleibe alleine. Und ich wundere mich wiederum nicht, dass ich mich nicht noch mehr auf dich eingelassen habe, sondern immer zwischen uns eine klare Distanz wahrte. Du fandest mich attraktiv und hast mich doch in Ruhe gelassen, und dafür bin ich dir in gewisser Weise dankbar, auch wenn es eigentlich selbstverständlich war. Dass ich immer noch lebe, staune ich selbst, aber ich bin zäh, wie das eine Zigeunerin eben ist. Auch wenn wir etwa gleich alt sind, und unsere Seelen womöglich auch, vielleicht sind sie ja verschwistert, so glaube ich, dass du mich überleben wirst. Denn ich sehe kaum mehr Sinn im Existieren. Zumindest ist mir das Leben ein einziges Geheimnis. Doch mit dir und meiner engsten Freundin, die du jetzt auch kennst, ist eine Brücke vorhanden, die lebendig erhält.

∞

Das war ja eine überraschende kurze Begegnung mit dir bei uns in der Physiotherapie-Abteilung der Klinik, wie du meine damalige beste Freundin mit Ölen massiert hattest und wir uns daraufhin alsbald zur

Jahresausbildung in Brandenburg angemeldet haben. Du warst überzeugend, echt, glaubwürdig, wie ich das in meinem Arbeitsumfeld selten antraf. Du wurdest zu meinem (Aroma-)Meister, und ich bin dir in zahlreiche deiner aufregenden Angebote im In- und Ausland über zwei Jahrzehnte gefolgt. Und deine persönliche Begleitung war mir höchst wertvoll. Deine Weiterentwicklung in deiner Arbeit und in deiner Persönlichkeit war so umfassend und tiefgehend, dass ich das Gefühl hatte, hier ist jemand, der kann auch mich fühlen und führen. Vor allem mein mangelndes Selbstvertrauen in meine spirituellen Einsichten und Fähigkeiten wolltest du unbedingt stärken. Oft spürte ich, dass du in mir viel mehr erschauen konntest als ich selbst, und ich war mitunter sehr darüber verzweifelt - du wahrscheinlich ebenfalls -, dass ich immer wieder in meine Selbstzweifel und Existenzängste zurückfiel. Darum hatte ich trotz deiner Ermutigung es nicht geschafft, vorzeitig meinen sicheren Arbeitsplatz zu kündigen, obwohl ich dort mich immer weniger wohl gefühlt habe. Die reine Selbstständigkeit ist mir in vielerlei Hinsicht zu schwierig und riskant erschienen. Ich wollte mich immer an jemanden anlehnen und habe mich dabei selbst in gewisser Weise verraten. Du sagtest einmal, ich sei ein Himmelskind, das nicht so ganz inkarniert ist, oder so ähnlich. Ja, mir ist sehr

Vieles im Erdenleben sehr befremdlich und darum irritierend. Als du dann deine Angebote hast auslaufen lassen, habe ich mich an andere gehalten, z B. auch an deine Frau. Bis heute suche ich nach einer inneren Gewissheit, wie du sie immer wieder erwähntest und auch mit ihr lebst. Dass du dich von deiner gesamten Institutsarbeit distanziert hast, war einerseits ein enormer Schritt, andererseits etwas, was ich dennoch nicht ganz verstehe und bedaure. Nun sehen wir uns immer seltener, u.a. auch, weil ich nun glückliche Oma geworden bin und durch meinen Enkel womöglich doch noch etwas mehr Bodenhaftung erfahren darf.

∞

- in Gemeinden und im Studium

In frischer Naivität initiiere und engagiere ich mich in zahllosen sozialen und politischen Projekten, die z.T. rasch wieder beendet waren, einige aber noch nachhaltig wirken.

Ich lasse im Rahmen eines Wohn-Praktikums einen sehr alten Mann kurz vor seinem Lebensende das ganze Leben erzählen, was für sie eine wichtige Lebensernte bedeutet.

Als junger Theologie-Student war ich frisch im Berlin der 80er Jahre angekommen:

Ich war aus einem naiv-schwäbischen Hintergrund, aus einer ‚heilen Welt' gekommen, und in sehr kurzer Zeit hatte ich mich intensiv auf so völlig andere Welten eingelassen, dass ich dann auch bei einem Obdachlosen- und Wohnprojekt-Praktikum in einer Kreuzberger Gemeinde dabei war und geschaut habe, wo und wie die Menschen in den Kreuzberger Wohnverhältnissen leben. Da war z.B. eine etwa 40-jährige Frau, die absolut abgedreht war, vollgeknallt mit Heroin, die in irgendeinem Abbruchhaus mit regenlöchrigem Dach wohnte. Die meinte ich nun als naiver zweiundzwanzig-jähriger Student zur Sozialhilfe lotsen zu müssen. Die hat mich natürlich so was von hintergangen. Ich habe es nicht mal gemerkt. Oder, was dann anders spannend war: Da gab es eine Straße mit einem Abbruchhaus, hundert Jahre alt, der Kasten sollte weg. Die Mieter konnten nicht entmietet werden, weil die schon so lange Jahrzehnte da wohnten, aber wenn ein Mieter starb, wurde die Wohnung nicht mehr aufgefüllt, sondern gesperrt. Ein einziger Mensch in dem ganzen alten

Mietshaus aus der Jahrhundertwende um 1900 war aber noch im dritten Stock übriggeblieben. Ihn habe ich dann über sein Leben interviewt - der Mann war so alt wie das Haus und ist, glaube ich, in dem Haus aufgewachsen und relativ kurz nach meinem Interview über sein Leben wohl dort verstorben. Er ist mitgewachsen mit dem Haus und hat alles erlebt, was in zwei Kriegswirren-Zeiten gewesen ist. Er ist eigentlich nur für zwei, drei Soldatenjahre herausgekommen aus dem Haus bzw. der Stadt, und war sonst eigentlich immer nur in dieser Straße, in der er dann auch gearbeitet hat, in einer Maschinenfabrik, die erst Waffen hergestellt hat, später Kinderwägen. Dann habe ich noch Fotos von der Gegend gefunden aus den zwanziger Jahren und dann einige selber gemacht, in genau denselben Perspektiven dann von 1983. Das war sehr aufregend. Da hatte ich versucht, mich hineinzuversetzen: Wie sind Menschen mit dieser äußeren Welt im Lauf der

Geschichte dieser Stadt klargekommen während der letzten hundert Jahre? Vor allem natürlich in den Kriegswirren (vom zweiten Weltkrieg lebten ja noch einige), unmittelbar in der Nazizeit davor, unmittelbar in der Aufbauzeit danach. Diese Zeit hat mich schon sehr fasziniert. Dann kamen in den späteren 80ern diese ganzen Besetzergeschichten in den Spekulationshäusern, und das war nochmals eine andere Form von Lebendigkeit einerseits, aber auch von Wirrwarr, Desorientiertheit und Schutzlosigkeit. Menschen wurden aus Geldgier auf die Straße gesetzt und wehrten sich dagegen. Sie wurden deshalb kriminalisiert, obwohl die eigentliche, aber sanktionierte Kriminalität von Politik und Wirtschaft ausgingen. Wohnraum ist für sie Ware, der Mensch maximal als Mietzahlender existent. –
Viele Jahre später ist mir durch karmische Erinnerung klar geworden, dass ich in der NS-Zeit in Berlin sowohl als Täter

wie auch Opfer gelebt, gehandelt und gelitten haben muss.
Das bewog meine Seele, mich in diesem Leben Erlösendes
in dieser Stadt tun zu lassen...

- o im Haus: indem, gemeinsam mit Gundula, ich
  mit dem Geist unseres Hauses in Verbindung
  und Segenshilfe komme, wandelt es sich
  grundlegend von einem traumatisierten Ort der
  NS-verfolgten Erbauer zu einem geschützten
  Lebensraum für Familie und Gemeinschaften.
  (vgl. mein kleines Buch ‚Das Haus', s.o.)

- o im Segnen von Familie, von Haus und Garten,
  von Klienten, von Landschaften, von
  seelenbedürftigen Menschen, von engagierten
  Menschen und ihrem Wirkungsraum…

o   …eben in meiner gesamten Lichtarbeit.

∞

Angesichts der vielen Widersprüche irdischen Lebens kommen immer wieder Fragen an meine Seele auf wie diese:

o   Ist Menschheit eigentlich lernfähig, gibt es nur Einzelne, die wie Hefe im Teig das Ganze erneuernd aufbauen, oder braucht es zur Wandlung einen großen Knall,
o   oder ist das Alles nur eine Dimension von Menschsein neben zahlreichen anderen, in denen durch derlei Geschehen die umwandelnden Lichtprozesse erst recht vorangetrieben werden?

- Fördert Einseitigkeit in der Dualität Prozesse für eine höhere Balance in Dimensionen der Einheit?
- Braucht es zur Steigerung der Harmonie die Disharmonien?
- Ist all dies irdische disharmonische Geschehen notwendig für die Förderung lichtvolleren Seins in dieser und anderen Welten bzw. Dimensionen?
- Gibt es anderswo ähnliche Vorgänge? Ist die Erde der einzige Ort geprägt von Dualität?
- Gibt es Dimensionen, in denen Harmonie per se ist?
- Kommt meine Seele von dort und sehnt sich dorthin?

Sie bejaht das inniglich...

Und sie verleiht 'mir' von dort hohe Seelenmacht. Die besteht aus der Botschaft, dass es zwischen den irdischen Gegebenheiten Dimensionen der Harmonie gibt. Sie strahlen mit Seelenlicht, das mit Herzensaugen wahrnehmbar ist.

Was heißt hier 'zwischen'?

* Meine Seele übersetzt mit 'über-all'; 'über Alles hinaus '.
Über alle gewohnten sinnlich und übersinnlich begreifbaren Aspekte und Rückschlüsse hinaus, über jegliche menschliche Lebensform hinaus. Harmonie kann von euch Menschen wahrgenommen werden, aber ihr erzeugt sie nicht. Denn sie ist und zeigt sich im besten Fall, so ihr euch dafür öffnet. Harmonie ist der 'Ein-Klang' jenseits des Menschlichen, eben in einem Dazwischen eurer menschlichen Dimensionen

und den Impulsen aus unseren Welten. Meist wird sie
von eurem Herzen in reiner Liebe, in der Natur und
der Kunst wahrgenommen als 'Das Schöne'.

* Ja. Du kannst dich immer besser an sie erinnern, je
mehr du dich wieder von deinem menschlichen
Identifizieren löst. Du überbringst ja deren Botschaft
von der völligen Harmonie, von der vollkommenen
Übereinstimmung mit uns. Wir wollen euch auf uns
einstimmen.

* So ist es. Es ist wie ein andauerndes Aufräumen.
Auch in deinen Leibern und Leben. Du musst es nicht
verstehen...

* Das weißt du.

* Und du weißt ja auch: deine Leibesgeschichte, die
du hier antönst mit deinen disharmonischen Händen,
als auch alle deine biographischen Erfahrungen
dienten deiner Bewusstwerdung, dich mit nichts mehr
zu identifizieren, sondern für uns frei zu sein.

* Entledige dich aller Eigenverständnisse bis darauf,
als Mensch inkarniert zu sein. Denn du hattest dabei

viele Identitäten, die du nicht mehr brauchst. Alle
Verkörperungen sind Erd-Anker, aber das bist nicht
eigentlich du als Seelen-Selbst. Du kannst sie leben,
doch du bist sie nicht.

Sämtliche Probleme und Disharmonien dieser
meiner Inkarnationen dienen also 'nur' der
Klärung in Richtung Harmonie, doch ich bin sie
nicht?

* Eben so: du lebst sie für ein freies Sein. Doch
letztlich darfst du sie vergessen.

Was bleibt dann bei einem völligen Vergessen?

* Dein pures Sein in einer menschlichen Hülle.

Was bleibt von dieser Lebenshülle?

* Augen-Blicke, Anblicke und Einblicke.

Da gibt es Herzensaugen, Liebesaugen, Kraftquell-Augen, Frageaugen, Zweifelaugen, Verzweiflungsaugen, Vorwurfsaugen, nie Angriffsaugen, aber Sterbeaugen, Todesaugen und Geburtsaugen. Sie alle blicken dich an und hinterlassen Bleibendes: Blicke.

Und da ist viel Schönheit, die du bleibend anblicken darfst, vor allem in natürlichen Landschaften, Tieren, gelegentlich Menschen, vor allem Frauen. Und da sind Einblicke in die Wesen der Natur und unsere Seelengeschichte in Träumen und Meditationen. Und bei alledem bleibt: innerlich gleich äußerlich bleibst du immer in Bewegung.

Nichts bleibt außer dem Auf-dem-Weg-Sein zwischen Augenblicken.

∞

Was findest du in der Bewegung?
Darinnen ruhet die Stille.
Sie ist ganz ohne Wille.
Das ist: Freiheit.
Wovon?
Vom Müssen in der Zeit.
Wofür?
Ein pures Dasein.
Was ist sein Geheimnis?
Das Licht im Schönen allen Lebens.
Es erklärt sich nicht.
Es kläret aus sich.

∞

Sein.
Gleich welche Situation,
sei sie angenehm oder unangenehm –
ist sie vorüber,
gibt es sie nicht mehr.
Kein Ich mehr,
das sich mit irgendetwas identifizieren muss.
Es gibt höchstens noch die Erinnerung.
Sein. Bin. Ohne Ich.
Das ist Freisein.
Es ist,
nicht mehr und nicht weniger.

∞

Es gibt Momente des Abschieds, die sehr zu Herzen gehen. Womöglich hat das Herz sich mit etwas oder jemandem verbunden, in dem es einen Teil von sich und seinen Gaben wiederentdeckt oder gespiegelt bekommen hat. Das Wiedererkennen einer hohen 'Natur' ist wie ein kleines Ankommen in vertrauter Heimat.

∞

Ein alter, schon sehr gebrechlicher Mann geht aus einer Stadt einen langen Weg des Sterbens. Er ist in Begleitung von mir, seinem Ich, und einer Frau, s(m)einer Seele. Er geht sehr schwankend, jedoch immer noch weiter, es ist noch nicht an der Zeit, ganz zu fallen, er hält sich noch Schritt für Schritt. Ich weiß, dass ich unweigerlich mit ihm gehen und sterben werde, das ist ganz selbstverständlich, und ich staune, dass der Alte (Körper) es immer noch weiter schafft. Die Frau ist wie meine Frau, unendlich vertraut, sehr liebevoll, schön, und zart zu dem Alten. Sie und ich unterhalten uns über sein Durchhalten und schauen uns auf einer Landkarte an, wie von der jetzigen Straße, auf der ich auch schon entlang geradelt bin, nun hinab zu kommen ist in die Heimat. Mir kommt einiges sehr bekannt vor, und wir scherzen darüber, welche der flussartig ineinander mündenden Wege die für den alten Körper leichtesten sind. Die Seelenfrau weiß um alle Wege. Für sie weisen sie alle in die Unendlichkeit. Die Landkarte ist für sie ein großes Netzwerk aller Wege, ja von Allem, das sie kennt und in dem sie ewig weitergehen wird. So ist es nur ein gnädiger Wunsch, den wir beide teilen, der Alte möge sich nicht mehr zu sehr mühen, bis sich seine Kräfte lösen und ganz verbraucht sind. Ich werde mit ihm gehen, und sie geht immer weiter. Das ist alles sehr natürlich. Ich frage den Alten, wohin er es noch schaffen will? Er sagt, zur Quelle. Ich schaue die Seelenfrau an, und sie weiß und weiß, dass ich nicht weiß, und sie übernimmt die Führung. Da der Weg von einer Anhöhe hinabgeht, weiß sie, die Quelle ist nicht im Talfluss, sondern nicht mehr weit weg im Hang. Dort erschaue ich nun ein hohes Felsentor, das wie eine sich weitende Vagina öffnet und darinnen ein von sehr stark weiß leuchtendem Licht durchfluteter, unendlich anmutender Raum ist. Gerade noch wahrnehmbar ist mitten im Licht eine ebenso lichte Gestalt. Zu ihr zieht es mich heftig hin, der ganze Lichtraum erfüllt mich mit einer sehnenden Anziehung, ist doch diese Gestalt mein Schönstes, Wertvollstes. Sie ist, sie ist dort, das ist so gut zu sehen und zu wissen - doch es ist noch nicht so weit, dort selbst hinein zu gehen. So schließt sich das Lichttor wieder,

die grauen Felsen-Ränder gehen wieder zusammen.
Das ist die Quelle, und nun weiß ich um sie.

Ich bin und beobachte zugleich einen alten Mann, der sorgsam in einer Einrichtung für ältere Menschen umsorgt wird. Dann sieht er selbst zu, wie vor ihm in einer flachen Wasserwanne ein neugeborenes Kind in warmen Wasserwellen hin und her geschaukelt wird. Der Alte macht sich Gedanken, ob die Wellen nicht zu hoch sind und dem Kind die Luft nehmen. Doch es kommt bestens damit klar und freut sich an dem Gewoge. Da beteiligt sich der Mann am Bewegen des Kindes und sie freuen sich gleichermaßen.

∞

Ich fahre in einer Kutsche mit, die sehr rasch vorankommen soll. Straßen werden von Cafetischen frei gemacht, damit die Durchfahrt ermöglicht ist. In meinem Arm liegt ein Neugeborenes, das ich sicher an ein Ziel zu bringen habe.

∞

Das kleine und das große Leben

Wann sind wir wach, und ach,
was ist das: Schlaf, tief oder sacht?
Man nennt ihn auch den kleinen Tod,
hat man, wie beim großen, auch schon seine Not?

Stirbt da etwas, und wenn ja, wann?
Wohl beim Einschlafen - ob man dann
das auch einfach wenden kann?
Dass am Morgen uns zu erheben wir als Ende sehen,
wir ins Nachterleben wie Neugeborene gehen?

Wissen wir, was eigentlich Erwachen heißt -
ist da im Traumland weitaus reger unser Geist?
Zeit - und Raum - ungebunden dort wir sind,
und es fließen und fliegen viele Bilder geschwind.

Am Tage uns so Vieles bindet,
mühsam, bis sich Freisein findet,
wir um unser'n Broterwerb ringen,
selten es zu Heit'rem und Schönen bringen.

So kann man dieses auch 'kleines' Leben nennen,
will man sich zum Vergleich bekennen,
und etwas Größeres wirkt im Innen,
wenn wir uns traumbewusst besinnen.

Und wenn wir endgültig vom Leibe verscheiden,
uns von der Erdenschwere entkleiden,

dann sind wir wiederum ganz vereint
mit der Seele bewusstem Sein.

Das können wir als das 'große' Leben erkennen,
und da sich's nicht lässt vom 'kleinen' trennen,
erscheinen mitunter bildhafte Brücken,
die lassen schon vor'm Tod ein Weltenwandern
glücken.

Jenes Seelenlebens-Land
uns so völlig unbekannt,
und so trifft jeglich' irdisches Wort
nie die Wirklichkeit von solchem Ort.

Träume, Visionen, derlei Einfälle
sind jenseits des Denkens manchmal zur Stelle,
sie erscheinen als tiefste Erinnerungen,
in sphärischer Musik schon immer erklungen.

Dem inneren Lauschen, inneren Schauen
dürfen wir uns absichtslos anvertrauen,
darinnen ein Wunderbares schwingt
und uns in Ewiges hinüber bringt.

Wie durch Tunnel, Röhren, große Kreise
geht jene unfassbare Reise
hinein ins Nichts
und ist doch voll des Lichts.

Nicht nur, dass wir umstrahlet sind,
nein, wir sind selbst des Lichtes Kind,
und schweben durch Unendliches geschwind,
was sich nur in Verbundenheit findt'.

Geschieht solches nun im Innen oder im Außen?
Ganz gleich, derlei Fragen sind schlicht Flausen.

Es ist eben aller Dimensionen Geschehen,
unsere Augen nur ein winzig' Ausschnitt sehen.

So wie Wolken kommen und gehen,
öffnet sich plötzlich in der Nebelwand
ein heller Einblick in Himmelsland,
Lichtvolles anscheinend nach uns langt -
wir brauchen es gar nicht zu verstehen.

Doch müssen wir dafür nicht erst sterben,
Lichtwelt wollt's uns schon vererben
und hat in unser Herz gegeben
Herzensaugen für das 'große' Leben.

Mit diesen können wir jederzeit schauen,
wie Lichtes Geist Alles konnt' erbauen,
im Allergrößten, im Allerkleinsten
besteht Alles aus Allerfeinstem.

So ist das 'große' Leben gar nicht weit fort,
es ist mitten unter uns, hier und dort,
und so brauchen wir uns auch nicht zu klammern
an das 'kleine' und über seine Enge zu jammern.

Das Leben ist eben groß und klein,
durchdrungen von einem unendlichen Sein,
in das wir erwachen Tag und Nacht,
um zu erkennen, welche Schönheit es 'bracht.

Alles wirklich irdisch Schöne
drückt sich auch aus durch himmlische Töne,
die in uns erklingen
wie ein wunderbares Singen,
ganz hoch und tief und weit
sind wir Instrument und Ohr zugleich.

Und so zeigt sich in Leibes Auge, Ohr und Herz
auch des Geistes große Terz
vom Sein
im kleinen
Alltagstreiben:
Licht des unfassbar Schönen,
Licht des unbegreiflich Ewigen ,
Licht des liebevoll Seligen. --

Jetzt ist es genug. Die Geschichte ist unendlich und
ein Ende doch notwendig. Und siehe, es war gut. Mit
Trauer- und mit Freudentränen fahre ich in die Gefilde
unseres Zuhauses.

*Es war Iris, in deren Herz er drang, und es war die
Schwertlilie im Garten der Mutter, in deren blauen Kelch er
schwebend trat, und als er still der goldenen Dämmerung*

entgegenging, da war alle Erinnerung und alles Wissen mit einem Male bei ihm. [...] Und auch sein Traum war wieder da, den er als kleiner Knabe geträumt, daß er in den Kelch hinab schritt, und hinter ihm schritt und glitt die ganze Welt der Bilder mit und versank im Geheimnis, das hinter allen Bildern liegt. Leise fing Anselm an zu singen, und sein Pfad sank leise abwärts in die Heimat.   (H. Hesse)

(Alle Fotos aus eigener Quelle)